24小时
高效陪伴

ZYL高阶父母课

朱艳丽◎著

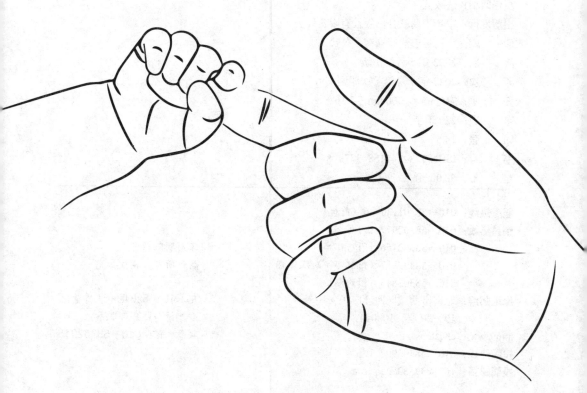

中华工商联合出版社

图书在版编目(CIP)数据

24小时高效陪伴:ZYL高阶父母课 / 朱艳丽著. —

北京：中华工商联合出版社，2022.5

ISBN 978-7-5158-3379-8

Ⅰ.①2… Ⅱ.①朱… Ⅲ.①家庭教育－通俗读物

Ⅳ.①G78-49

中国版本图书馆CIP数据核字（2022）第 053249号

24小时高效陪伴：ZYL高阶父母课

作　　者：朱艳丽

出 品 人：李　梁

责任编辑：胡小英　楼燕青

装帧设计：尚世视觉

责任审读：李　征

责任印制：迈致红

出版发行：中华工商联合出版社有限责任公司

印　　刷：香河县宏润印刷有限公司

版　　次：2022 年 5 月第 1 版

印　　次：2022 年 5 月第 1 次印刷

开　　本：710mm×1000mm　1/16

字　　数：220 千字

印　　张：14.5

书　　号：ISBN 978-7-5158-3379-8

定　　价：58.00 元

服务热线：010—58301130—0（前台）

销售热线：010—58302977（网店部）
　　　　　010—58302166（门店部）
　　　　　010—58302837（馆配部、新媒体部）
　　　　　010—58302813（团购部）

地址邮编：北京市西城区西环广场 A 座
　　　　　19—20 层，100044

http://www.chgslcbs.cn

投稿热线：010—58302907（总编室）

投稿邮箱：1621239583@qq.com

自 序

我之所以要写这本书，主要是因为在课堂上学员说的一段话："朱教练，你解决问题的思路和话语简直太棒了，把这些话术编成一本书吧。这样，只要我们照着书中传授的方法去说、去做，便能更好地解决孩子的问题了。"有的家长甚至还说："我们并不关心每种教育出自哪个门派，我们也没时间研究心理学，只想使用一些方法管教好自己的孩子。我们需要实实在在的帮助，需要解决育儿过程中遇到的问题和挑战，朱教练的课堂就做到了这一点。"

仔细想想，确实如此！与其将每位家长都教授一遍，为什么不系统而深入地编撰成书，把我的智慧结晶都融入其中，让家长在饱览家庭教育理念的同时，熟知一天中可能发生的所有场景，让更多的家庭受益。

再加上，如今市面上充斥着大量关于"讲道理"的图书，家长们都知道"这样不好、那样不对、应该怎样"，却不知道该"如何做"，如何才能真正把理论践行在实实在在的育儿活动中。

于是，我打算出一本书。用案例定制话术，家长翻开即用，直接解决家长最关心的"具体要如何落到实处"等问题的集合，完全可以当作育儿中修行高阶父母的工具书。

这十多年来，我除了养育我自己的两个女儿，我还跟很多家长进行了频繁的接触，讲课、沟通、答疑、解惑，同时，也跟他们的孩子进行了间接接触。通过这一系列的接触，后来，我猛然发现，实践打卡小组的内容正好能补充这一单一性的问题。把家长的实践案例加入进来，精选 20 个家

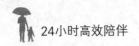

庭的 200 多个场景案例，就能让内容变得更具广度和客观性，家长完全可以感受到身边人实实在在的小进步以及具体化的成长蜕变，增加信心和力量，成为高阶父母！

学员们看到自己能为更多的家庭做贡献，他们都感到异常开心。在此，我深深地感恩黄晓燕、肖艳丽、付婷、刘文丽、郑玉霞、谭桐青、李雪、邹坚娜、席萌萌、薛晓斐、梁敏、王静、肖伊人、庄伟、罗文叶、韦柳凤、程芳、牛贝贝、谭锦华等学员，谢谢他们贡献自己的践行案例，让更多的家庭能够更轻松从容地面对每一天，让我们的爱经由我们的心，流向全国各地、四面八方。

为了呈现这本书的逻辑主线，更好地帮助家长快速查阅，并及时解决相应问题，我们选择了按时间轴进行叙述，即按照一天从早上起床到晚上睡觉的时间脉络，把发生的场景一一放在更可能出现的相应时段里。

比如，"起床"的烦恼，是一天中最开始发生的事情，这类内容被直接放到最前面，只要查看小节标题，就能快速跳转到相应内容。

再如，"迷恋电子设备"的挑战。孩子主要分为两类，一类是上学的，另一类是没上学的；家长则可以分为上班族和全职……这部分内容被我们放在放学后的晚上时间，更具兼容性。大家直接翻到第七章"温馨甜蜜"的团聚时光，快速查看"迷恋电子设备"相关内容即可。

同一事件可能出现的多种场景，我们都在小节中用案例的方式呈现，每个阶段都尽可能以多元的形式展现，有助于不同家庭更快更容易地找到更贴合的案例和更有智慧的育儿方法。

在课堂上，我们总会重复这样一句话："先联系情感，再纠正行为。"这本书也是如此。该书没有太多高高在上的大道理，更多是有血有肉、实实在在的育儿方法，以及家长的养育过程。

其实，我们也会焦虑，也会发脾气，也会出现复杂的心理活动，只不过经过刻意练习，我们已经拥有了越来越敏捷的自我察觉、暂停、及时调整的意识和行为。而这正是家长通向更好的自己的一架"直升梯"，在育儿的过程中，家长们完全可以一步一步、轻松自然地走向幸福绽放的未来，成就更智慧的自己。

当然，书中还介绍了最新的育儿知识和原理，可以更好地满足部分家长的需求。关于育儿，期待您，知其然，更知其所以然！

习得具体的实操办法，掌握真正的养育大智慧，你就能成为可以影响更多人的高阶父母。

朱艳丽

zhuyanli0607@163.com

前言

养育是一场长达数十年的马拉松！

面对孩子的哭闹、发脾气、打架、畏畏缩缩……很多家长都会感到莫名的烦躁和愤怒，难以控制情绪，只能在孩子小小的身上肆意宣泄，事后又懊悔不已。生气、说教、批评、指责、训斥、打骂、轰赶、后悔、自责、弥补……一次又一次，反反复复，以致形成恶性循环。

奥地利心理学家阿弗雷德·阿德勒说过："幸运的人，一生都被童年治愈；不幸的人，一生都在治愈童年。"可见，童年时期，健康的身心教育会影响孩子一生的幸福。

孩子给我们制造的每一次"挑战"，都可以被当成是一次"绝好的学习机会"。为了将这些让人烦恼不已的"挑战"转化成帮助孩子成长的好品格，我们就要改变固有的、简单粗暴的养育思维和方式，通过学习，成为更智慧的父母。

本书几乎囊括了孩子可能会遇到的所有场景下的挑战。每一个挑战场景，我们都给家长们提供了值得参考的思维，甚至连沟通中的每一句话如何说孩子才会听，都做了详细编辑。遇到类似情况，只要按照书中介绍的方法去做，相信家长们就能少些迷茫，清晰育儿的方向；也能少些烦躁焦虑，学会处理有关孩子的各种难题……

目前，我的系统养育课程已经开到120多期了。十多年来，我都在一线服务家长，为家长排忧解难、出谋划策。我深深地知道，家长在养育孩子的过程中，是多么的无奈和无助，因为任何人都没有教过我们如何养育孩子，任何一个职业的难度都不能和养育孩子相提并论。

本书记录了20个会员家庭的200多个智慧养育案例，涵盖了一天中的各个时间节点。我们既不需要全部读完，也不一定要从头读到尾，因为它更像是一本育儿宝典，遇到育儿"烦恼"后，只要去目录中找寻相应的问题，在正文中找到答案即可。

早上送孩子上学时，我们总会经历一阵撕心裂肺的生死分离，怎么办？为了让孩子尽快爱上幼儿园，放学后该怎么引导孩子？只要随手拿过这本书，翻开目录，找到第五章"我就这样爱上了幼儿园"这一小节，你就知道该怎样做了……

读完后，随手找来记号笔，把自己可能忽略的步骤圈起来，把不太会说又觉得不错的话做画线处理，抄在小纸条上，反复读上几遍。下午再带着这个小"锦囊"，兴高采烈地去接孩子。

在公司的办公桌上，我们也可以放上这本书，平时就让它静静地躺在那里。稍闲下来，想起昨天的一件事：儿子和好朋友的小孩一起玩耍时，发生了矛盾，还打了起来，虽说事情已经过去，但总觉得儿子道歉时的眼神里满是仇恨，这种愤怒一并转嫁到和孩子的感情上。扪心自问，这样的结果，并不是我想要的……翻看本书，阅读第五章"愤怒得必须要打架了"小节，就能找到解决问题的答案。读完相关内容后，你会发现在这件事情上，是因为自己没处理好孩子的情感问题，因此孩子才会怒目以对。作为父母，从来就没有想过：孩子能学到什么？下次会不会再犯……看着书里的指引，你自言自语、茅塞顿开，内心的焦虑渐渐变得平和，开始有了新主见。

认真翻看本书，回忆儿时的自己，若我们的父母也能这样对待曾经犯过"错误"的我们，那么我们的人生会不会被改写？仔细记录下具体的思路和话术，做有智慧的父母，才有利于孩子的成长……

焦虑时，捧起本书，看着看着，你的心情就能逐渐平复，然后智慧地处理好孩子的问题。如果让伴侣也翻起这本书，爷爷奶奶也开始关注这本书，或将本书赠送给闺密好友……相信大家都会发生好的改变。

凌晨5点，窗外虽然还是漆黑一片，但黎明马上就会到来。带着满满的爱，把这本书化作一束光，就能照亮每一位尽力去爱孩子的你，就能用"平和"代替时不时涌出的"焦虑"，温暖每一个为父为母和为子为女的人的心。

其实，要想成为高阶父母并不难，只要我们活在当下，认真面对每一件小事，日进一寸，聚沙成丘，一切皆有可能。为了实现这个方向和目标，让我们一起并肩前行、加油努力吧！

目 录

上篇　ZYL高阶父母

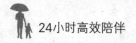

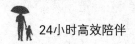

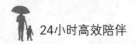

上篇
ZYL高阶父母

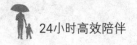

第一章　为人父母的养育误区

一、重智轻德

生活中，很多父母都对孩子说过这样的话："你只要把学习搞好就行了，其他什么都不用管。"在我们身边，抱有这种养育观的家长比比皆是，就连我们的脑海中也时常会不自觉地蹦出这个观点。

2020年，有一部家庭教育电视剧《隐秘的角落》十分受关注。虽然只有12集，但它却引起了很多家长的共鸣。在这部电视剧中，有这样一个发生在学校里的片段：

家长会结束后，班主任王老师特意让朱朝阳的妈妈留一下。

王老师："孩子的成绩，我是一点都不担心。但现在的教育主要在于学生综合素质的提高，需要孩子全面发展。"

朱朝阳的妈妈感到一阵紧张，快速做出了第一反应："他是不是偏科？"

王老师："不是，他很聪明，学习也很自觉。只不过，我注意到朱朝阳有点内向，在学校几乎不跟其他同学来往。"

朱朝阳的妈妈一脸疑惑，不明白老师在说什么。"王老师，您的意思是？"因为她一直认为，对于目前的孩子来说，社交根本就不重要，甚至是多余的，会对学习造成负面影响。

王老师继续说："朝阳同学有点不合群，其他同学也不喜欢跟他一起玩，可是，学校毕竟是个集体。"

听到这里，朱朝阳的妈妈抿嘴一笑，转而不屑地说："王老师，学生应该以学习为主，交朋友是孩子步入社会后需要做的事。其实，我还真担心朝阳跟一些坏孩子瞎玩，耽误了学习。"

不可否认，朱朝阳的妈妈就是重智轻德的典型代表。

学校是一个小社会，在群体生活中，社交对于孩子的生活、学习、情绪、未来发展等都有着重要影响。处理关系的能力、结交友谊的愿望，是素质教育的重要组成部分，也可以反映孩子未来发展的广度。

智商决定生命高度，情商决定生命宽度。智者说："你所看到的世界，只是你以为的世界，只是我们精神世界的一种折射，它反映着我们的内心，呈现着我们的内在价值观。所以，我们虽然生活在同样的世界，但每个人看到的都不尽相同。"

重智轻德的家长，大脑里都有一种十分单纯的想法，即智商和情商是完全分离的，完全是两码事。他们虽然也承认沟通、友谊的重要性，但在他们的思想世界里，想当然地认为作为一名学生，学习是孩子的全部，是孩子的唯一；长大进入社会后，再学习"沟通表达"能力，争取谋得一份好工作；等到了法定结婚年龄或身边的同学陆续开始结婚，再开始学习"谈恋爱"。

所以，这样的家长会反复在孩子耳边循循善诱：

初中阶段，好好学习，其他事情不用想，争取考进重点高中；

高中阶段，这是人生重要的转折点，要排除一切杂念，用功读书，争取考上理想的大学，不要谈恋爱；

大学阶段，大学期间的恋爱都会面临一毕业就分手的局面，所以与其浪费时间在大学里谈恋爱，倒不如静下心来学好本领，毕业后才能找份好工作；

可是等到毕业了，参加工作后，这些孩子们过年回家时却感到十分恐惧，因为父母逼他们谈朋友、相亲、结婚。这些孩子被逼无奈，草草地跟

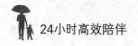

相识不久的对象火速完婚、生子……

在电影《银河补习班》中，马爸爸说："我的孩子人生最重要的时刻，不是临近高考的100天，而是均匀分布在他生活中的每一天。"世间万物生长，看似不经意，其实每时每刻都从未停息，这才是成长的真谛。

为了引起妈妈的重视，王老师继续说："朝阳妈妈，我今天之所以要找您谈话，并没有别的意思，只是因为同学们都对朱朝阳有一些议论。"

朱朝阳的妈妈却回答说："同学羡慕我们朝阳，其实就应该让他们跟他一样好好学习，而不是给老师给我打小报告。背后说同学坏话的学生，是不是也有问题呀？王老师，你是不是应该也找其他家长谈一谈？"

在这个电视剧片段里我们可以看到，老师本想跟朱朝阳的妈妈分享自己看到的，希望她重视孩子的社交，帮助孩子提高素质，让孩子得到全面的发展，成为德才兼备的未来人才，这本来是惜才助人的善举。可是，朱朝阳的妈妈却觉得老师在挑她家孩子的毛病，没有做到一视同仁，甚至还觉得她忘了自己作为一名老师的本分，学习成绩才是老师更应该关心和在乎的。老师不应该让她的孩子和成绩差的孩子在一起玩，而是应该跟其他家长谈话，让他们督促孩子向第一名学习。

为家长服务的九年多时间里，我时常会遇到一些前来咨询育儿问题的家长。听完家长的分享诉求，多半都能知道他们出现教育问题的原因，我会跟他们分享自己的感受和观点，家长也会做出不同的反应，比如：有的家长会惊讶地说："老师，你描述得太准确了，你真是太厉害了。"有些家长则会冷冷地说："是吗？有吗？还好吧。"

只要一说话，就带有攻击性，说明当事人正深陷在自己某种价值观的泥潭里，他们需要帮助，内心却没有准备好；或者是他们不信任他人，无法跟他人敞开心扉地沟通。

王老师苦口婆心地试图再次努力："朝阳妈妈，我这样说，也是为了朝阳好。"

朱朝阳的妈妈有些不太满意，但依然礼貌地回了一句："我知道你是为他好。"

谈话到了这里，气氛便有些尴尬了。

此时，第二名小敏的爸爸出现了，跟老师道歉说来晚了。看到朱朝阳的妈妈，他便寒暄着请教"第一名战神"是如何培养出来的。

听到这些话，朱朝阳的妈妈立马表现出一副自豪的神情，笑着回答："哎呀，我平常工作忙，经常住单位宿舍，也没怎么管他。这孩子就是独立性强，不用怎么教育，自己就知道学，暑假也不放松，还让我给他报天文班。学生就要以学习为主，其他都不重要。是吧？王老师。"

人生就是一场辩论赛，不管是亲子之间、夫妻之间，还是同事之间，很多人都喜欢享受话语占上风的感觉。然而，这种好胜心却会拉开心与心的距离，破坏自我和外界沟通的重要的关系网。其实，除了赢和输，大家还可以双赢（共赢）。对他人多一点善念，就能对自己多了一份觉察和反思，相应地，我们自己的成长和改变也就真正开始了。

听完朱朝阳的妈妈的话，王老师也大概明白了她的家庭养育观，以及朱朝阳会出现这种情况的原因。

要想说服他人改变观念，尤其是改变对方深信的观点，比登天还难。除了点到为止，我们能做的便是静待其觉醒。

通过这个剧情，我们不难发现，朱朝阳的妈妈信奉的观点是：学习是学生的唯一天职。而朱朝阳的爸爸却认为社交很重要，鼓励儿子发展社交。只不过，爸爸重新组建了家庭，陪伴朱朝阳的时间少之又少。朱朝阳和妈妈朝夕相处，在潜移默化的相处中，自然也就默默接受了妈妈的价值观。

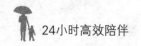

所以，为了讨好妈妈，为了让妈妈开心，他就会努力学习，考得好成绩，努力让自己活成妈妈的骄傲。

可是，人是有灵性的生命，长期缺少心灵营养，对周边的一切都不看、不在乎、不理会，只知道努力学习、用功读书，并不能解决所有的问题。扪心自问：这些就是我们想要培养的未来人才吗？我们到底要培养怎样的人才？他们需要具备哪些重要的素质呢？我们应该如何落到实处地培养呢？

二、无节制的爱

在二十世纪六七十年代时，多数人家都很穷，但每家的兄弟姐妹都不少。所以，父母能供孩子们上学已经是很不容易的事情了。那时的父母基本不太管孩子，而孩子们每天放学后还得帮家里干各种家务活。每年只有过年时才能添置新衣，吃好吃的。

在物资匮乏年代成长起来的我们便暗暗发誓：一定要给自己的孩子提供最好的生活条件。

在孩子的饮食方面，荤素搭配，营养美味，水果新鲜多样，零食永不断货；

在孩子的穿衣方面，孩子的衣柜里挂满了红橙黄绿蓝靛紫等各色衣服，造型百变，可以尽情搭配；

在孩子的上学方面，孩子该上幼儿园了，就给孩子选好的学校，仔细考察各个指标，比如老师要有耐心，除了幼师证，最好懂点心理学，系统学过正面管教……

我们无微不至、尽心尽力地关照着孩子的方方面面，不禁感叹：现在的孩子，多幸福啊！跟我们小时候的生活比起来，简直就是天壤之别。可是，孩子们的反馈似乎并非如此。

孩子们总会脱口而出："哼，妈妈小气，不给我买冰激凌，不爱我。""我不想吃，我讨厌吃饭！""爸爸强迫我，就是不尊重我，你是坏爸爸！""爷爷都给我买，你为什么不给我买，你一点都不爱我，爷爷才爱我！""我要离家出走！""我都不想活了！""我要打死你！"……

孩子们似乎比我们小时候更不快乐，而且随着年龄的增长，接触的圈子越来越广，他们似乎变得越来越不快乐。为什么会这样呢？因为他们从小就被植入一个观念：大家都应该对我好，照顾我的感受，关心我的需求，迁就我的言行，时时处处让着我……似乎全世界都欠他的。

我们都爱自己的孩子，想要将自认为最好的生活给他们，结果却发现，自己越来越无力满足他们的高需求。

我们都希望孩子健康长大，可孩子们却更喜欢汽水可乐、油炸膨化食品、手机游戏，甚至还会逼迫我们，让我们一次次妥协："好了，别哭了，妈妈给你买。""再看 5 分钟哦，看完可要还我哦。""好，不想上课，就不去了吧！""不想做作业，就不做，妈妈帮你做。""被哪个同学欺负了？爸爸找他算账去！"……

我们嘴上虽然规劝着孩子，但心里却深知，自己不可能呵护孩子一辈子，孩子的成长不应该只包括体验快乐，还需要体验其他情绪。父母的百依百顺，对孩子来说，只是一个假象的社会呈现。这样培养出来的孩子，一般是无法适应幼儿园或学校的群体生活的，他们反感纪律，喜欢逃避，和伙伴相处不融洽……所以我们时不时就会收到老师的谈话邀请……当然，最重要的是，孩子们并不快乐。

这种教养孩子的方式，其实是一种娇纵和溺爱。孩子们终将走上社会，独自面对生活；而个人独立生存的自信和能力，是从小一点一滴积累而成的。而且，我们根本就无法满足孩子所有的欲望。他们需要学会等待，理解金钱的来之不易，区分"想要"和"需要"，有选择、有计划、有节奏地规划生活；需要明白尊重的相互性，而非人人都必须听他的……

有些父母可能会骄傲地说："我家里很有钱，足够孩子一辈子衣食无

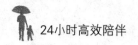

忧。"不可否认，金钱确实可以让孩子在物质上获得快乐，可是一旦物质需求得到满足，孩子就会开始追求更高层次的心理需求，即有价值让我快乐、被需要让我快乐、能创造使我快乐、被尊重使我愉悦、对社会有价值让人自豪。

从此刻开始，父母就要用更智慧的方式，给孩子提供生命成长所需的各种营养，赋能孩子，关注孩子的未来以及各阶段的幸福。在孩子的成长中，播下智慧的种子，然后我们只要静待花开，用心感受即可！

三、高标准控制

自古以来就有："严师出高徒""子不教，父之过""玉不琢不成器，人不学不知理""吃一堑长一智，打一顿长教训""不打不成材"等许多关于教育孩子的名言语录，虽然很多人都不知道这些语录究竟出自谁人之口，但在高标准、严要求的权威型家长的价值观里，这些语录绝对是无上的真理。他们坚信：孩子没有自主性，要想养成良好的习惯，必须严格要求；习惯一旦养成，将是孩子一生的财富。

这类家长一般都生活自律、事业优秀，是他人崇拜的对象。他们在事业上取得了引以为豪的累累佳绩，嘴边随时都会蹦出"赶紧""现在""立刻""马上""必须""不行""没理由""行不通""说到就要做到""你怎么才……""重来""你看看人家"等这类话语。

这类家长培养的孩子，多数都具有"别人家孩子"的特质：学习好（尤其是小学阶段）、习惯好（能静心阅读，写字工整，内裤袜子自己洗，房间整理得整齐有序，行为规矩，懂礼貌，听话顺从……）、有一定的领导能力（可以像家长一样给同学有条不紊地分配工作、跟进和执行）……我们也相信，正是因为这些家长看到了高标准控制型教育给孩子带来的好处，他们才选择做一个权威型家长。

尽管每种教育方式的背后，都是父母价值观的呈现，代表着他们对孩子深深的爱。可是，在这种爱的呵护下，随着孩子年龄的增长，孩子的话却变得越来越少，愿意跟父母聊天的孩子变得屈指可数，他们不快乐、消极对抗、少了创造力和想象力、不愿意选择和决定、对很多事情漠不关心、毫无兴趣、缺少爱心和同理心⋯⋯

扪心自问，我们究竟想要一个学霸，还是一个拥有幸福能力的人？如果孩子通过自己的努力考上了清华、北大，是否意味着我们的教育成功了？如果孩子毕业后工作不如意，婚姻生活不幸福，我们又当做何感想？如果他继续沿用我们的教育方式对待自己的孩子，我们又觉得如何呢？

古人云："人无远虑，必有近忧。"美好的人生往往都是规划的结果。可现实中很多父母都是第一次当家长，毫无育儿经验，也从没想过要培养一个怎样的孩子。在大多数父母心中，他们所理解的规划就是：

幼儿阶段，孩子只要自由自在，玩得开心就行；

小学阶段，孩子只要把基础打牢就行；

初高中阶段，要陪孩子一起努力，考个好学校；

大学阶段，要为孩子的专业选择和恋爱把好关；

⋯⋯

就这样，孩子从1岁、2岁，慢慢长到了5岁、10岁，转眼间20多岁长大成人，步入社会，面临着工作、独立生存甚至成家立业等来自方方面面的挑战，考验着他们处理好自己与他人的多种关系的能力。可是，到了这时候，孩子才发现，自己根本就不会社交，不善于跟异性相处，缺少爱心和同理心等，甚至跟自己的父母之间有一条无法逾越的鸿沟。

有句话说得好，"爱满则溢。"如果孩子小时候没有在父母那里得到过爱和理解，他们的感受没有被父母肯定过，长大后孩子的内心就是干涸的，自然也无法给他人以爱、理解、肯定和支持。只有采取民主型的养育方式，才能让孩子自信且快乐地遇见更好的自己，我们才能更加轻松智慧地陪伴孩子成长。

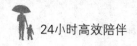

四、忽视孩子的情感需求

生活中，我们经常会听到这样的话：

"哭什么哭？哭能解决问题吗？把眼泪给我憋回去。"

"男儿有泪不轻弹，男儿流血不流泪。"

"哭，是软弱的表现，擦干眼泪，坚强点！"

……

你对这些话熟悉吗？你小时候也被这样对待过吗？你是否也曾对自己的孩子说过这些话？

现实中，看到孩子哭，很多爸爸都会发脾气，我老公也不例外。如果孩子哭了，无论老公怎么劝，孩子都会一直哭，这个情景只要超过 10 分钟，我老公便会暴躁起来。这究竟是怎么回事呢？这是因为孩子的哭就像一个开关，只要一打开，就能将爸爸易怒的情绪唤醒。而一般来说，妈妈在这方面的耐受力，多数要优于爸爸。

回到本节开篇时的场景，仔细想想也会注意到这样一个情况，那就是：似乎父母会对男孩说更多类似的话。因为我们的家长，尤其是爸爸，对儿子的担当、勇敢、坚强等要求要远高于女儿，在他们眼里，"女汉子"远比"娘娘腔"的接纳度要高许多。同时，在传统观念里，男人是家庭的支柱，需要承担家庭责任，是在外打拼的主心骨，是被赋予更多要求和更高标准的性别角色。

每个人都有喜怒哀惧等情绪，并非只有女人才是多愁善感、情感丰富。其实，男人原本也有各种情绪表达的需求，只不过在幼时，被过多地压制了。可是，压制住后的情绪并不是真的就不存在了，而是被封在了身体里，就像被压在五行山下的孙悟空一样。但孩子们的情绪调节能力，远比五行山上的那个符咒的功力弱得多。因此，在这些冲突场景中被一触即发的，其实就是男人在孩童时期种种被压制的情绪。这种长期被压制的感觉就是男人的烦躁感，儿时一次次被压制时的伤心、无奈、委屈、无助和无力，即使自己早已忘记了具体的事情，但身体依然会记得这些感受，日复一日，不断累积叠加。

男人一路走来，慢慢忘了曾经发生的事，也忘了曾经的那些痛，却会将父母的观念和社会观念传承下来。当他们遇到伤心、痛苦、难过的事情时，会告诉自己：男儿有泪不轻弹。我是男子汉，要坚强，要勇敢，要撑下去，要把眼泪咽进肚子里……于是，长期堆积的情绪，就会像水管里流不出来的杂质，不断堆积，直到水泄不通，无以复加。

管道堵得越严重，对情绪的耐受力就越弱。如果将人看成是车，那么情绪就是油，没有油，车就走不了。情绪是一种能量，越压制，问题越严重。如果生气时我们告诉自己："我忍""我再忍""我继续忍"，时间长了，终将以大爆发收场。小忍小爆发，大忍大爆发。所以，面对情绪，更好的做法是与它和谐相处，做情绪的主人，管理好情绪，从而让我们的状态更加稳定而有力。

既然要做情绪的主人，就要了解情绪、善待情绪，当我们能够接纳情绪是一种正常的身体感受，也就具备了自我管理情绪的能力，情绪就能发挥出可爱、有趣、有力、激情满满、热血沸腾等积极的作用了。

同时，给孩子示范管理情绪的办法，孩子经过不断地观察和学习，就能感受到我们情绪的自然流动，感受到我们对他表现出来的种种情绪的理解和接纳，这样一来，孩子多半也能成为情绪管理的主人。

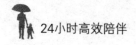

五、关系角色永远不变

有很多父母认为，父母和孩子这种血缘关系是永远不变的，那在对待孩子的成长上，父母只需做好父母应尽的职责即可，不需要想太多。可是，孩子是一直在成长变化的，在其成长过程的每个阶段希望父母给的支持和关心也是不一样的。因此，父母和孩子之间的关系和角色在每个阶段也会相应地发生变化。父母和孩子的关系可以遵循一个普遍的生长周期，我们要随着孩子年龄和心智的增长，不断地同步调整，带着爱一点一点放手，优雅地退出孩子的成长，让孩子逐步走向更独立的人生。

胎儿期，准妈妈的情绪状态会对胎儿情绪的发展造成直接影响。如果准妈妈怀孕时感到焦虑、烦躁、忧伤、担心，孩子出生后，一般都不太好带、爱哭、易激动、易烦躁、易焦虑不安。反之，如果孕妈妈情绪平和稳定，夫妻关系亲密，生出的孩子往往更爱笑，养育的过程也会更加轻松愉悦。

因此，在胎儿期，准妈妈要保持平和的心态，稳定情绪，每天都要安排一个固定的时间段，多听一些舒缓的音乐，保持美好的心情，用温柔的话语和轻轻的抚摸，跟肚子里的小宝宝互动。

宝宝出生后0~3岁，是孩子建立安全感的重要时期。生命早期的安全感，影响着其一生的发展。所以，新手爸妈尤其要重视孩子安全感的建立和培养。

0~3岁婴儿期，是孩子发展安全感、需求能力、自我认可、脑神经回路快速发展—联结—再发展的黄金期，家长的使命在于：生理上，像"护工"一样悉心陪伴、照顾孩子，增加身体的抚触，建立亲子联系；情绪上，保持心态的平和稳定，看到孩子时，都是满眼欣喜；陪伴孩子时，满怀深情，表达出自己对孩子的深深爱意；智力上，给孩子提供幼儿启智的成长沃土，多和孩子聊天、互动和游戏。

3~6 岁幼儿期，是孩子开始接触集体并逐步建立规则的时期。这时候，孩子开始步入幼儿园生活，逐渐在学校和家里感受到规则带来的秩序感和规范感。父母要转变 0~3 岁时的凡事包办、对孩子的所有行为都听之任之的身份角色，要做一个"生活教练"，用正面语言引导和鼓励孩子，逐步训练孩子，让孩子去做一些力所能及的事情。

孩子进入 6~12 岁的少儿期时，要培养孩子独立解决问题的能力。这时候，家长会明显地感受到原本听话、乖巧、容易带的孩子突然不见了，他们变得滔滔不绝、思维活跃，总有很多不同的观点。家长要主动跟孩子聊天、倾听、沟通、合作，成为孩子的"老师"，给孩子选择的权利，启发孩子从不同的视角进行多元思考，培养孩子独立解决问题的能力。

12~18 岁这个阶段，也称作青春期。这个时期的孩子会用叛逆方式完成自我的"个性化"发展。他们会公然抨击家长的唠叨，还会和家长讲道理、给建议；同时，他们会给家长准备几个选项，在各种和家长的沟通中试图变成亲子关系的掌控者。家长如果跟不上孩子成长的节奏，无法适应孩子状态的转变，那么亲子关系就会遭遇巨大的挑战，智慧家长在此阶段都会主动转换身份，成为孩子的得力"军师"。

18~25 岁属于成人期。这时候孩子已经长大成人，具备了独立解决问题的能力，能够应对生活的压力，既能独立生存，也能为自己的未来做出负责任、较稳重的规划。此时，家长要变成懂孩子、支持孩子的"知音"，浓缩成六个字表达就是：你选择，我支持。

孩子进入 25 岁以后，也就到了"结婚—生子—成为父母"的过渡阶段。此时，家长要做的不是为孩子的择偶严格把关、对他们的婚姻生活尽力掺和，更不是将孙辈全盘接手代为养育，而是要主动放手，把属于孩子的责任和使命还给他们，不过多包办。面对初为人父人母的他们，老一辈的家长要做他们的"生命导师"，为他们点燃一盏明灯。

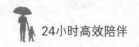

父母和孩子的关系，要经历一个"完全依赖——一步步走向分离—孩子渐行渐远—父母逐步退出"的过程。在养育孩子的过程中，一路相伴，学会闭嘴，优雅退出，是父母的最终课题。不懂这些道理，我们的亲子关系就会出现问题。

我们都想让孩子少走弯路，也拥有很多优秀且珍贵的养育经验，然而，一旦用错了方法，不仅会破坏和谐的亲子关系，还会让孩子拒绝接受我们的经验和财富，不能令亲子关系朝着良性的方向发展。

送给孩子最好的成长礼物，绝不是房子、车子和票子，而是让孩子受益一生的原生家庭的养育方式。

幸运的人，一生都会被童年治愈；不幸的人，一生都在治愈童年。

六、有限相处，父爱缺席

在传统观念里，男人的主要任务就是赚钱养家，女人的主要任务就是做家务和照顾孩子。为了给家人提供更好的生活条件，男人会长时间在外打拼，每天早出晚归，也有的甚至长期出差外地，跟孩子的交集少之又少。

有些爸爸总会说，自己忙着赚钱，没时间陪孩子。其实，在他们的内心深处依然认为：教育孩子是女人的事，他的参与无足轻重；个人的精力是有限的，他必须将更多的精力放在更重要、更能体现自己价值的地方。因此，男人在家陪孩子的时间就变得越来越少。

当然，无数的妈妈也被这个观念影响着，会体贴地跟老公说："你只管在外好好打拼，家里有我呢，放心吧。"又或者在爸爸们主动陪孩子出门后说："带孩子出门，也不知道带个水壶，把孩子弄得脏兮兮的，你到底会不会带孩子？"听到这样的抱怨，有些爸爸就会觉得自己不被认可，心想："好吧！你行，你来。"然后，就会把原本能分配给家人、孩子的时间统统交给了事业。

如果孩子妈妈总是抱怨孩子爸爸个"猪队友"，或者抱怨自己是丧偶式育儿，就要试着反思一下：你让孩子爸爸感受到家的温馨有爱了吗？你让他感受到自己在家里、在妻子眼里、在孩子心里的重要性了吗？对你来说，他的爱有多重要？爸爸的角色对于孩子的成长有多重要？

相处太少，陪伴就是空谈。孩子与父亲关系疏远，会直接影响着孩子的成长，长大后孩子还容易出现以下这几种心理问题和社会问题：

第一，父爱缺失，孩子性别角色出现混乱。父亲是男孩一生中出现的第一个同性榜样。在和父亲的相处中，男孩能够感受到男性所特有的刚毅、果断、宽大等性格品质。现如今，社会中出现的男孩女性化的现象，就跟父亲的缺失有很大的关系。对于女孩来说，父亲也是她们人生中出现的第一个男性角色，在与父亲的相处过程中，可以学会如何与男性相处，更加认同自己作为女性的角色。

第二，父爱缺失，孩子性格怯懦。父爱缺失，男孩感受不到来自男性的力量，传承不了父亲身上的男性特质，将来在社会交往甚至恋爱交往，都会变得比较怯懦自卑。在与母亲的相处中，女孩学会了柔和，如果没有从父亲那里得到作为女性的自我肯定与认可，性格中也会缺少坚强的力量。

第三，父爱缺失影响孩子的社会交往。在家庭生活中，母亲提供给孩子的是情感需求，而父亲提供给孩子的大多是看待世界、处理问题的思维方式和实践方式。父爱缺失，孩子的社会性发展就会滞后，人际交往和立身处世的能力等都会受到限制。

总之，对孩子而言，父亲和母亲一样重要，缺失了任何一方，孩子的成长教育都会受到影响。孩子的成长既需要来自爸爸的男性力量，也需要来自妈妈的女性力量。男性力量和女性力量在孩子身上内在结合，孩子才能有勇气、谨慎、幽默、富有同理心、有魄力、有耐心、有韧性、阳光、热情、有力量，未来的他们才会更美好，也才会拥有更多的发展机会。

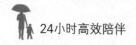

七、全能家长，亲力亲为

下面这些话，大家都听过吗？

"快点起床！"

"快去上厕所！"

"快去刷牙！"

"赶紧换衣服！"

"赶紧整理书包！"

"快来吃饭，吃完上学，要迟到了！"

"哎呀，你怎么穿得那么慢，来来来，我帮你穿。"

"你看看你，写了1个小时了，才写了两行字。有这个时间，妈妈都写完两页了。"

"小朋友们，我们家小明想跟你们一起玩，阿姨请你们吃糖好不好？"

……

看到这些话，你有什么感受？最典型、最有代表性的一句话可能就是："孩子，你的成长路线我都帮你规划好了，你只管好好学习（听话照做）就行。"这时候，家长不管是强势地数落孩子一番后再去帮忙，还是温柔可亲地对孩子有求必应，都会给孩子塑造一个形象：家长很厉害，写作业快，学习成绩好，做事麻利，不管我遇到什么问题、困难或烦恼，家长都能帮我解决。他们甚至还能把我的一生都规划得妥妥当当。简直就是无所不能！

如果你也是这样的家长，我很想给你一个大大的、紧紧的拥抱。因为孩子的顺遂成长，离不开默默付出的家长。不是孩子的成长路上没有磕绊，而是家长跑在前面把所有的绊脚石都提前清除了。

为了养育孩子，家长确实做了很多事情：英语启蒙、国学、画画、钢琴、亲子阅读、运动、视力保护、牙齿健康、习惯养成、性格培养、目标 / 时间管理、少儿财商教育、语数英补习班、少儿编程、游泳、书法、轮滑、街舞、篮球、舞蹈、幸福婚姻的经营……这些对孩子的成长确实都有好处，但是，并不需要每项都做好，因为我们根本就没有那么多时间和精力；用这些事情将时间填满，只会渐渐失去自我。

同样，如果孩子上的兴趣班，是家长决定；穿衣吃饭，也是家长安排；上学、补课，还是由家长操心；甚至连未来的工作、恋爱、结婚，都由家长全权安排好……家长会感到幸福吗？而这些家长的孩子会对自己未来的人生充满期待吗？即使部分家长会回答："我会很开心，很幸福。因为我小时候，我爸妈从来不管我，经历了太多的无助、无奈、伤心、失望，做梦都希望家长能照顾我，为我操心，那该多幸福呀！"可是，扪心自问一下，这些是孩子的需求吗？你的孩子愿意接受吗？

以爱之名，为孩子包办代替，甚至还说"我都是为了你好"。其实，对孩子来说，这很可能并不是爱，而是控制、压力、委屈和烦恼。采用充满智慧且轻松的养育方式，才是爱孩子，才能真正懂孩子。

凡事亲力亲为，父母会很辛苦。按自己的思维行事，不了解孩子的感受和需求，不仅会给养育过程树立起重重困难，还会让亲子之间的心越来越远。如果各位家长发现自己的生活开始变得一团乱麻，需要做的事情越来越多，时间却永远不够用，人也变得焦躁起来；同时，孩子越来越叛逆不听话、消极对抗、自我否定、慵懒乏力。这时，家长就要做做减法了。

与此同时，还要静下心来仔细想想：

在养育目标方面，家长自己对孩子设定的养育目标是什么？你和孩子想要发展的方向如何？孩子可以做什么？你可以在哪些方面得到提升？

在兴趣班方面，哪些是孩子真正喜欢 / 感兴趣 / 擅长的？邀请孩子尝

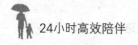

试后,最终选择 1~2 个,让孩子坚持下去。筛选后找出:哪些必须花钱交给专业人士培养? 哪些需要我们亲力亲为? 哪些途径可以快速高效地习得成长?

家长可以为孩子做很多事情,但最需要做的只有两项:一是活好自己;二是赋能孩子。想清楚这些问题,确定好目标,做好计划方案,你和孩子也就不再焦虑了。接下来,只要主动去做就行。

养育孩子的过程其实就像是在牵着一只蜗牛散步,需要耐心和智慧。新时代的父母会主动学习,转换思维,调整视角,看到孩子的内心世界和外在表现,从而和孩子共同成长。

记住,在养育孩子的过程,静下心来观察,遇见更多火花,才能真正明白生命的真谛,从而在自我调整中逐渐完善自我。

八、教育就是花钱

我特别认同日式全脑早教的这一教育理念:幼儿启智,养成教育。在孩子大脑发育的黄金前六年,要给孩子提供一个充分的环境,让他们的脑神经回路尽情绽放。

每个孩子都是天才,都能具备持久的专注力,拥有记忆力、想象力、创造力、语言表达能力、数字敏感度、精细动作动手能力、逻辑思维能力、速视速听速读能力、阅读能力等。家长要在饱含爱的环境中,默默地培养他们,让他们的未来具备更多的可能性。

当然,价值决定价格。专业的事情就要交给专业人士去做。家长虽然不知道培训机构的好坏,却会以价格的高低作为参考,对机构的优劣层次做出判断。他们认为,越好的东西价格自然也会越贵,因此也越值得多花钱,甚至认为教育其实就是花钱,越多越好。

钱,确实很重要,但花钱绝对是一门技术活。有这样一个公式:

品质人生 =（智力 + 情商）× 财商

如今，多数家长都缺少财商，需要通过后天的练习不断养成。而为孩子投资，则需要开阔眼界，要把钱花在刀刃上。通过花钱，孩子可以拥有更多的学习体验，更优秀的才能专长；父母则可以变得更有智慧、更有格局，掌握更多的方法和技巧，更能游刃有余地养育和陪伴孩子。

唯一用钱买不来的是温暖友爱的家庭氛围。孩子的情商，比如，性格、人格、价值观等，只有家长能教，也只有家长最适合教。但这些情商的增长，都需要在朝夕相处的生活中通过父母的言行对孩子造成影响。

足以撑起一个人精神富足的是健全的人格，它包括爱与被爱的能力、高自尊能力、情绪界限能力、沟通倾听能力、对他人感兴趣且友好联系的能力、感知幸福的能力等多方面的能力，父母只有学以致用，花时间对孩子进行引导，才能帮助孩子走向正轨，让他们身心健康，向阳生长。

下面，请问问自己：活好自己 + 赋能孩子，你准备好了吗？

九、树大自然直，人大自然成

如今，很多家长都持有一种育儿理念：自由成长就是放任孩子探索，让孩子随心所欲地玩乐和发展，即使只是稍加限制，也是对孩子自由成长的剥夺。为了证明自己，有些父母还说："树大自然直，人大自然成。"

小时候，我们家种过白杨树，过程是这样的：扦插时爸爸会挑选笔直的树枝，插进河畔的泥土里，待它长出根系成活，再移栽至需要的地方。为了防止大风大雨吹倒或刮断树干，会在树苗的周围插上一些树棍，支撑树苗健康、笔直地生长。小树苗一天天长大，到了秋冬季节，要对它们进行修剪，剪去影响长高的侧枝，同时将长歪了的主干扶正。经过几年的呵护，白杨树就能笔直地向上生长，高耸入云天了。

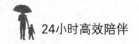

20 世纪中期，那一代的父母很少有人会对孩子进行引导和关注。那时的孩子，基本上都是自然生长的。所以，那一代的孩子为人父母后，会自信地说："小时候，我爸妈都不管我，我就自己玩，自己探索，自己解决问题。现在，不是长得也挺好的？"

不可否认，事实确实如此。可是，事物总是在发展变化的，环境也是今时不同往日。随着生活水平的不断提升，人口出生率、高校学历普及率、男女平均寿命增长率、青少年犯罪率等数据，都在告诉我们：养育孩子，不能寄希望于概率问题。

原生家庭对孩子的影响会长达一生，随心所欲地养，不管不顾地育，如果孩子幸运，结果定然不错；如果孩子运气不好，后果将是我们无法承受的。

我们都希望自己的孩子能幸福，能过得好，能够衣食无忧，能够热爱生命和生活……可是，"树大自然直"的育儿观点不可取。孩子的大脑就像海绵，会不断地吸收外界的一切，包括好的和坏的行为习惯、生活经验以及各种知识。年龄较小的孩子，无法判断是非曲直，十分需要家长的正确培养和引导。

没有规矩不成方圆，孩子生下来，面对大千世界，只有不断学习，才能适应外界的变化。比如：玩的过程中，家长可以将有关知识告诉孩子，让他们从小就明白什么该学习、什么该摒弃；为了约束孩子的行为，可以设定一定的规则，使孩子建立正确的人生观、价值观和世界观，健康成长。

家长要细心观察，发现孩子的潜能，给予适当引导，让孩子在成才的道路上走得更远。

十、把孩子当成私有财产

对于私有财产，你会怎么对待？

回答 A. 想要就要，不想要就扔掉。

常用语：

"你真笨，动不动就哭，看到你就烦，给我滚出去，永远不要再回来了。"

回答 B. 必须听我的，我全权控制。

常用语：

"你穿得太少了，把这个外套加上。"

"才吃了那么点儿，怎么可能吃饱了呢？快，把这碗饭吃完。"

"你不能跟 ××× 来往，他成绩太差了。"

"初高中阶段，不能谈恋爱，你要好学学习，争取考个好大学。"

"我这么做、这么说都是为了你好，你要按我说的去做。"

回答 C. 看心情。心情好时温柔可亲，心情不好时风雨交加。

孩子将玩具弄一地，心情好时，觉得很正常，耐心地把玩具一一归位；心情不好时，会说："看看你，又把地上搞得这么乱，净给我添乱，烦都烦死了。"

关于孩子唱歌，心情好时，说："宝贝，给妈妈唱首歌，大声点儿。"心情不好时，说："吵死了，声音小点儿不行吗？"

对于孩子哭闹，心情好时，说："想哭就哭一会儿，妈妈陪着你。"心情不好时，说："哭什么哭，哭能解决问题吗？给我憋回去。"……

回答 D. 绝不能被欺负。

常用语：

"儿子，谁敢打你，你就直接打回去。"

"小朋友，我忍你很久了，你如果再敢动一下我儿子，我打断你的腿。"

"你怎么可以这样说我孩子呢？太过分了。"

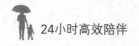

……

通过这些话，你感受到了什么？你是想培养一个人格平等、具备独立思考和解决问题的能力、适应社会生存的孩子？还是培养一个看人脸色、听话照做、软弱无能、不重要、没价值、不独立的孩子？

纪伯伦有一首诗《你的孩子其实不是你的孩子》，值得反复阅读。经过多年的学习、感悟、传播、再感悟，我感受到了这首诗传递的思想精髓，即放下控制，看清面前的孩子，他不是我的专属，而是一个拥有独立思想、独立自尊、独立人格的孩子。跟我们一样，孩子也有自己的情绪、需求、思想和喜好。他们的成长需要我们的帮助，需要我们在他们畏难时鼓励，在害怕时陪伴，在伤心时接纳，在愤怒时理解；他们渴望在体验中看到自己有能力、有勇气、能坚持，以及对未来充满信心和希望。

父母可以仔细品读《你的孩子其实不是你的孩子》，认真感受它所传递的养育智慧，对孩子少些控制，智慧地陪伴孩子成长。

第二章　今天，我们如何做父母

一、为人父母的矛盾冲突

（一）伴侣的养育挑战

在我国，"男主外，女主内"的思想一直都根深蒂固，其实这句话可以从多个维度进行理解，只不过多数人都只是表象地认为男人就应该出去赚钱、打拼事业、养家糊口，女人就应该相夫教子，于是在家庭中便出现了"丧偶式爸爸""诈尸式爸爸"。尤其是"诈尸式爸爸"，更让妈妈们深恶痛绝。

在家庭教育中，丈夫习惯性缺席，突然出现时，不是对妻子在孩子的教育问题上横加干涉，就是批评指责妻子或孩子。简单来说，不仅帮不上任何忙，还会帮倒忙，完全达到了"猪队友"的至高境界。他们没有尽当爹的义务，却享受着当爹的权利，不时地冒出来，只为刷一波存在感。所以，很多女性之所以不愿意出来学习，就是因为对自己没信心，理由成千上万，比如："我学了，老公不学，有用吗？"或者愤愤不平地抱怨"凭什么让我先改变？"或者担心自己学不会，不能学以致用，浪费时间、心情和金钱。当然，也可能担心老公的数落："你学了正面管教，怎么还是教育不好孩子？"殊不知，要想改变固有模式，不仅需要时间、耐心、信任、理解、包容和支持，还要有一双善于发现细微变化的眼睛。带着爱改变，才是最靠谱、最有效的策略。

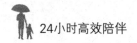

当然，丈夫不愿意陪伴孩子，还有一个重要原因，即妻子给了孩子无微不至的关爱，总是要求老公按自己的标准养育孩子，老公只有通过练习，需要被信任、理解和支持，才能在耐心养育孩子上变得越来越娴熟；妻子给老公足够的爱和信任，才能放手让老公和孩子相处。

有句话叫作：我是一切的根源！只有改变自己，才能改变整个世界。通过学习，不仅能改变物质世界，更重要的是改变自己看待事情的角度和思维方式。不敢走出去，抱着固有思维，钻死胡同，只能让自己深陷泥潭，痛苦不已。尽管也可能苦苦寻觅多时，最终却仍毫无办法。

人与人之间有着错综复杂的联系，只要改变自己的表达方式，孩子、伴侣、老人等的反应也会随之改变。

这就是通过自我成长换来幸福的秘密！

（二）隔代教育观念的冲突

留守儿童是一个社会现象，不仅农村有很多留守儿童，城里也有很多。

现代社会飞速发展，年轻父母压力巨大，每天在外奔波工作，已经累到精疲力尽，回到家哪里还有余力管教孩子？这时，家中养育孩子和陪伴孩子的主力可能就是老人了，而且很多老人也喜欢参与孩子的教育。

老人喜欢参与孩子的教育，可能有如下几种原因：

1. 付出越多，占有欲越强。

很多家长挂在嘴边的话常常就是："你要不是我孩子，我才懒得管你呢？""我打你都是为你好，你看看隔壁小刚那调皮样儿，求我，我都不打。""我为你付出了那么多，你怎么能不听我的？"……

欣悦一岁多的时候，我和老公忙于工作，经常加班，孩子多数时间都由爷爷奶奶照看。一次周末休息，我在家陪伴女儿，看到女儿的不良行为，我就管教起她来。结果，爷爷突然站出来，指责我没资格管教孩子。那一刻，我突然意识到了人性关于"付出越多，占有欲越强"的现象。同时，父母陪伴得少，孩子更容易受到老人的影响，这就给我们的教育带来了不小的挑战。这件事让我更加明白了"先建立好关系，才可能产生影响力"的道理。

2. 有值得骄傲的养育经验。

一位老人年轻时是一名教师，他知识渊博，很受学生的爱戴，而且还培养出了很多天之骄子。但他奉行的是严肃教育，认为只有严格要求，孩子才会有出息。他的儿媳则在一所幼儿园当幼师，奉行的是尽可能地倾听孩子，理解孩子，所以在这位老人眼里，儿媳是只知道宠孩子的不负责的家长。不同的养育观，直接导致了家庭关系的紧张。

无独有偶，一位奶奶也曾是一名教师，儿子媳妇都觉得她会教育孩子，就将孩子的教育全权交给了她。可是，时代不同了，过去的教育方法在孙子身上时常失灵，时间一长，两代人之间的恩怨便多了起来。

3. 过分宠爱孙辈。

退休之后，多数老人没事可做，有很多悠闲的时间；而且，他们经历过很多事情，心态平淡。他们有闲心、有耐心、大度包容，眼睛里满是慈爱。从正向影响的角度来看，爷爷奶奶陪伴孩子成长，孩子会无比幸福。可是，在爸爸妈妈管教孩子时，如果爷爷奶奶总会跳出来和稀泥，横加干预，这只会破坏掉好不容易建立起来的约定和习惯。不仅如此，有些老人还会在背后给孩子各种奖励、诱惑和补偿，更有甚者还当起了"法官"："奶奶给你来评理，是妈妈不对，不该骂宝宝"……不懂得科学智慧的相处思维，只会让全家陷入琐碎的纠葛之中。

孩子教育的第一责任人是父母，只有父母自己承担起教育孩子的责任，家庭氛围才会变得更加和谐，在孩子的养育问题上才会有更好的分工和协作。

（三）孩子的成长挑战

"其实，我们根本就不懂现在的孩子，更无法从容地用他们想要的方式爱他们。为什么？因为孩子是在跟我们索要我们从小缺失的东西，我们自

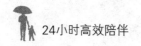

已都未曾体验过，又怎么能拿得出来呢？

在我们小时候，老一辈对待我们的方法态度是：如果做得好，他们就什么都不说；如果做不好，他们就会指出来，即为我们好，希望用修剪盆栽的方式让我们成功、成才、尽善尽美，成为别人眼中的好孩子、好学生、好员工、好伴侣、好父母。我们背后是整个家族的期盼和审视。"

在这种紧箍咒下成长起来的"70后"和"80后"，毕生的追求都是渴望做自己，心中的渴盼就是：什么时候才能不再为了父母的期望，为了亲人的面子，为了社会的肯定，真正做一回自己，活成自己喜欢和想要的样子，按照自己的想法、兴趣和意愿，跟随内心的声音去生活。

而生活在新时代的"90后""00后""10后"，自出生的那一天开始就是在做自己。在家里，他们是绝对的中心，他们很自我、会享受，拥有太多的权利，责任感和使命感却很薄弱，为了找到生命的意义和价值感，他们需要跟别人进行更多的联系，需要参与，更需要贡献。

出生于20世纪的我们，很难理解孩子，孩子们也无法理解我们。在相处的每一天中，我们时刻都要面对育儿的挑战。想要改变的人已经走出了家庭教育的怪圈，没察觉到问题根源的人还在千方百计地折腾孩子，觉得是自己的命不好，觉得孩子太闹心；有些家长甚至还带孩子去医院找医生测评、找心理咨询师疏导……似乎只有得出"多动症""专注力弱"等结论，自己才能安心。如果自认为孩子有问题，医生却说孩子没问题，他们就接受不了，只会觉得医生不专业。

事实上，问题孩子少之又少。无论孩子是什么样子，只要父母不断提高自己的养育智慧和能力，采用适合孩子的教育方式，即使孩子先天不足，后天也会变得越来越好。

（四）社会的养育分歧

知识大爆炸的时代，各种学术理论思想百花齐放。为了给孩子最好的教育，很多父母都在学习。可是，这样的学习有效吗？

今天，读了一本书，书上说孩子需要按时喂养，如果喂养间隔不足 4 个小时，即使孩子哭闹了，也坚决不要喂，要训练出孩子规律的生物钟……初为人父母的家长们觉得这种理念很有道理，就按照书中的方法做。

明天，又读了一本书，书上说孩子需要按需喂养，孩子只要饿了，就要喂。因为需求得到及时回应，孩子就能建立起更稳固的安全信赖系统，内心就能更稳定健康地发展……父母们觉得这种理念不错，就按照书中介绍的方法去实践。

后天，又听到一个新思维……

看来看去，学来学去，各种理论都有道理，最终我们都不知道该听谁的。

再如，给孩子报辅导班。

今天，家长甲说英语很重要，要把握黄金年龄去学习，于是家长就立刻给孩子报了英语班。

明天，家长乙说某某兴趣班只要花 9.9 就能体验 6 节课，非常划算，于是又果断掏钱报名。

结果，没几天工夫，就给孩子报了好几门课程。可是孩子却不愿意去，报的课只能就此打住。

存在即合理。任何一家教育机构或养育思维的存在，都有其合理的部分，要想确保自己在养育孩子的过程中不迷茫，就要清楚自己想要培养一个怎样的孩子？想让孩子身上具备哪些重要品质？先确定了养育目标，即灯塔；再思考帮助孩子实现目标的方法。

当然，虽然这个目标规划图听起来很简单，但制定起来却不容易，需要静下心来仔细想，反复推敲：这些品质究竟是不是孩子需要的，为什么需要？拿起纸和笔开始构思，结果定然会与众不同。

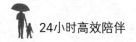

二、为人父母的生涯规划

（一）做有规划、有准备的父母

美好的人生，都是规划的结果。如果能拥有未卜先知的高科技，从出生起就能看尽未来一生，可能大家都能更好地规划自己的一生，成为伟人或是过上富足的生活。可现实是，我们永远都不知道明天会发生什么，却总会在回首往事时忍不住追悔感慨：

上学的时候，如果我再努力一些，该多好。

高考填志愿时，如果我报的是现在从事且喜欢的专业该多好。

大学时，如果不轻易说出"分手"，我们是否就能幸福地在一起？

2006 年来深圳的时候，如果能筹钱买几套房该多好。

结婚前，如果提前学习了婚姻经营之道，我们的婚姻肯定不会经历那么多坎坷，会更加幸福美满吧？

在准备生孩子之前，如果我们能系统地学习如何做父母，持证上岗，就不会在养育孩子的路上走这么多弯路，对孩子造成那么多身心伤害了。

如果我能对孩子的成长、大脑的发育构造多一些了解，明白 0~6 岁早期教育的重要性，孩子现在就不用辛苦地奔波于各个补习班了吧？

如果我能早早明白游戏对于孩子成长的意义，理解学习和游戏之间的关系，就不会一本正经地总是打断他、要求他："不要再玩了，赶紧过来学习吧？"

如果能尽早有意识地提升自己的情绪力，并尊重孩子是一个思想独立的个体，有自己的发展阶段和特点，我一定会用更平和的心态、更多的耐心、更理解、接纳和包容的态度，满怀深情地去陪伴他成长吧？

计划生二胎的时候，如果我提前学习了多子女养育之道，我们肯定会迎来一个更加完美的二胎时代，两姐妹的感情肯定会更深更好。

如果我提前对青春期叛逆多一些了解和认识，懂得如何和青春期的孩子相处，我们的关系肯定会比现在好很多，而伤害更少吧。

如果我能更早地掌握幸福的定义和能力，并在言传身教中和伴侣活出幸福的样子，孩子未来经历爱情、选择伴侣、经营婚姻时，就可能更有方向、更自信，更容易拥有幸福的能力和幸福的人生吧。

……

人生没有那么多"如果"，但我相信现在正读书的你，有些"如果"一定可以开心地为你提供帮助。既然如此，就要把握这个关键期，不要让它再成为遗憾的"如果"。

人生最怕漫无目的。我们和孩子一样，仅仅知道要学习还远远不够，还要知道为什么要学习？学习能给我们带来什么？它是如何影响我们生活的？在学习的过程中，我们如何才能从中感受到成就和快乐？绘制一张清晰明确的养育行动地图，我们就不会轻易迷失，有了明确指引，就能培养出真正拥有健康品格和成功人生技能的未来人才。

（二）轻松又智慧的生涯规划图

一个周末，我和家人一起吃火锅，聊起了如下话题：爱你，如你所是；还是按照我期待的方式？

为人父母后，你是否思考过这样几个问题：

孩子爬到很高的树上，看起来有些危险。如果孩子是你的，你会怎么说？怎么做？

12岁的孩子意外失明，如果你是家长，你会说什么？

孩子一出生就没有双腿，1岁多的时候，孩子问："妈妈，为什么我没有腿？"作为妈妈，你会如何回答？

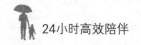

在现实生活中，这些孩子的家长都做出了对孩子最有利的回答。

妈妈听到正在爬树的孩子说："要爬到月亮上去。"于是，她回应道："哇，实在是太了不起了，但你要记得回家哟。"后来，那个孩子就成了全球皆知的登月第一人，他就是阿姆斯特朗。

孩子 12 岁时意外失明，觉得自己这辈子完了。爸爸鼓励他说："从现在开始，你可能永远也看不见这个世界了，但你可以让这个世界看见你。"最终，这个男孩成了意大利著名的盲人音乐家，他就是安德烈·波切利。据说，有轻生念头的人，在听了他的音乐后，也会感到生命的可贵、活着的美好。

女孩一出生就没腿，妈妈却告诉她："孩子，你生来就是要去经历不平凡的事情的。"后来，她成了残奥会短跑冠军，她就是艾米·穆林斯。

这三个孩子的故事告诉我们，正向信念、智慧语言，完全可以将身处地狱的人拉回天堂。家长在全然接纳孩子的同时所给予孩子的支持和鼓励，能给孩子带来巨大的光明和希望。

每个孩子的天生特质都不同，要让孩子悦纳自己，成就自己，永远保持乐观，心中怀有希望，不断超越自己，父母就要先接受孩子本来的样子，尊重孩子成长的规律，而不是一直都自以为是。

孩子不可能一直都是天使，我们却可以成为更智慧的父母。

爱他，如他所是。

爱他，用适合他的方式。

我们都希望孩子是积极的、乐观的、阳光的、快乐的，能够活出婚姻幸福、热爱事业、享受生命的样子。可是，孩子对世界的看法、跟他人的关系，都是从小通过父母的言传身教习得的。如果我们的生活都是一团糟，又如何相信孩子肯定能比我们过得更幸福呢？又如何能爱孩子，如孩子所是呢？这是个伪命题。

如果为人父母的人生可以重新来过，我希望能有这样一张为人父母和养育孩子的生涯规划图：

1. 婚前进行生理检查，接受关于婚姻经营的系统学习和指导；

2. 学习性教育系统课程，摆脱被误解千年的性羞耻；

3. 计划要小孩时，及时学习父母上岗课程、游戏力养育课程、鼓励咨询成长课程，持证上岗；

4. 准备孕育二胎时，学习多子女养育课程，和大宝一起轻松自然地迎接二宝的到来，让手足相爱相亲，家庭和睦幸福；

5. 孩子 3 个月时，开启全脑教育，直到 9 岁，每周 1~2 节，构建大脑思维和学习能力；

6. 孩子 4 岁时，尝试并发现孩子的兴趣，在多元尝试中，按照孩子的体验感受和决定进行筛选，遵循从多到少的过程。到 3 年级左右，筛减到只剩下 1~2 项，至少找到一项热爱，一步步考级，一直坚持下去；

7. 孩子 4 岁时，接触少儿财商培养，3 年级时他们就能统筹一家人一个月的开支方案，独立计划一次外出旅行；

8. 孩子 5~6 岁时，进行儿童社会情感（情商）培养，包括发展个性、尊重差异、乐于合作、更好地沟通与倾听、感受爱与表达爱、正视错误不断成长和进步等；

9. 孩子 9~10 岁时，学习青春期的正面管教课程。青春期的年龄段大约是 12~19 岁，要想引领孩子，就要走在孩子的前面；

10. 从小陪孩子坚持一项运动，跑步、打球、游泳皆可，让孩子保持充足的运动量，多进行户外活动，多接触大自然。

真正轻松智慧的养育，是需要提前学习、提前做好规划的。这样，即便没有投入太多的资金，我们也能培养出优秀的孩子。

（三）成为父母，彼此滋养

"过去，东西坏了，只要修修补补，就能用很久。而现代人，东西都还好好的，就想着换新的。"这句话，确实有道理。现代生活节奏太快，人心的确太过浮躁，婚姻关系出了问题，大多数的解决方案就是离婚。所幸还有孩子这层绑定关系，让我们有机会思考：如何修补夫妻关系，让婚姻关系得以改善和升华。

从这个意义上来说，孩子就是婚姻更加持久的加固剂。

每个人的成长都是一世修行。成为父母，养育孩子，能让我们在彼此

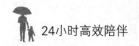

陪伴的过程中感受角色的变化、关系的成长，能让我们更具同理心，对生命的体验更加丰富。

俗话说："不当家，不知柴米贵；不生子，不知父母恩。"很多人曾记恨父母，却在自己为人父母的过程中发现，没有父母之爱，自己根本无法长大。而在孩子喜怒哀乐的情绪里，我们可以看到自己曾经的压抑和堵塞。这种看见，是疗愈的开始，接纳并和解，进而变得越发从容、平和。

孩子是我们修行路上的贵人。他们勇敢地扮演着触发我们各种情绪的角色，带着莫大的勇气在巨人丛林中穿梭，用最赤诚的爱激发我们成长，让我们遇见更好、更幸福的自己。

孩子因我们的爱情而来，需要悉心照顾、耐心陪伴。我们是他们的天地，更是他们的全世界。同时，孩子也是我们的快乐源泉、奋斗动力、重生机缘、婚姻的加固剂、生命的贵人。

三、为人父母之别人家的父母

（一）别人家的父母

所有的孩子都有一个公敌，就是"别人家的孩子"，这些孩子聪明、懂事、学习好、有礼貌，总之啥都好。他们常常被家长拿来与自家孩子对比。相信很多家长都是在"别人家的孩子"的阴影下长大的。听听这些话：

"看看人家隔壁 XXX，一回到家就开始做作业。"

"看看你们班 XXX，每次都是第一个完成作业。"

"你看看……"

在家长眼里，"别人家的孩子"简直就是天使下凡，浑身上下都是优点。

最近，我迷恋上一本书，叫《谁在我家》。书中提道：在现在的婚姻关系里，每家都住着一个"第三者"。这个"第三者"就是家庭成员中想象中的理想的对方角色。站在女人角度来看就是女人心目中理想的男人模样，于是女人常常对伴侣说："作为老公，就应该……可你看看你？"而男人心目中也有一个完美女人的模样，于是他总是对伴侣说："能不能有点女人的样子，为人妻子应该相夫教子……可你看看你？"在这样的关系中，彼此都无法真正看见眼前这个真实的人，只想跟梦想中的那个理想的、完美的伴侣过日子。然而，在这种分裂状态下，人的心态迟早会崩塌。

其实，如果伴侣是完美的丈夫时，你也就成了完美的妻子；如果伴侣是典型的丈夫，你也就变成了典型的妻子。因为我们看到的世界都是内心的映射，你用什么态度看待世界，世界就会如你所愿地呈现给你什么。

不要总是试图改变别人，改变只能从自身开始，这样才能成为对方心中的男神女神。在亲子关系中也是如此，期待孩子变成我们想象中的样子很难，但我们可以通过自我的学习和成长，提升格局和智慧，改变自我，让孩子更愿意和我们在一起，最终达到共赢。

先让自己成为"别人家的父亲（母亲）"，孩子自然就能成为"别人家的孩子"。

（二）目标来导向

在孩子眼中，"别人家的父母"是什么样子的？从不打孩子、会陪孩子玩、给孩子买好吃的、体格强壮、为人幽默……再问问自己，你觉得"好爸爸"是什么样子的？列出来跟孩子讨论，找到彼此都接受的共同点，然后再问问自己，"别人家的孩子"的标准是怎样的？你希望孩子拥有哪些优秀品质？列举并取舍完成后，就可以确定应该如何实现"别人家的父母"以及"别人家的孩子"的目标了。

举个例子，我们在深圳，想去北京旅游，需要先确定好从深圳到北京的线路，即行动导航。然后，把孩子的核心品质作为目标点（北京），把家长的品质作为行动方式（"交通工具"）。如此，就有了起点、终点、交通工具和行动导航图。

然后，再思考一个问题，即如何拥有自己需要的"交通工具"。这里就涉及学习中的成长蜕变了，比如：和善而坚定、赢得孩子的合作、语言幽默、理解孩子、情感银行、如何说孩子才肯听、游戏力家长、鼓励赋能、全方位情商培养（高自尊状态、高情绪界限、高人际界限能力、议题处理

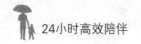

能力、人格价值观）、放松谈性教育、探讨财商思维……

随着学习的不断深入，家长感受到自己的格局、技能不断提升，就能陪伴孩子健康成长，跟孩子一起快乐前行。

（三）思维速转变

孩子会给我们多少时间用来成长？我们要成长到怎样的程度？……这些问题都没有固定答案。但既然学习是必须要务，学得越早，受益越早，走的弯路也就越少，越容易轻松养成好习惯。

虽然少数人能自学成才，但也需要计算一下时间成本。步行时，靠经验和悟性，或许能一直走，或许走走停停，也可能完全走向反方向；一本一本地啃书成长，速度就像骑自行车，虽然在前进但很吃力，而且速度很慢，而花几天时间出去学习，跟专业的资深导师进行系统性的学习，再加上同学的陪伴，成长速度就能像坐飞机一样快。

岁月如梭，我们的年龄和阅历都在成长，孩子也在一天天长大，想要了解孩子，想要跟孩子交朋友，就要具备更高的格局，引领孩子走好我们提前探过的路。

跳出舒适圈，转变养育思维，陪伴孩子一路成长，就能取得开挂的效果。

（四）小踏步行动起来

不要指望自己一学完就能全部掌握，要多给自己一些时间，沉下心来，慢慢践行，即使只取得小进步，也值得开心，日积月累地坚持下去，就能掌握所有的思维、工具、态度和方法。

回忆一下自己小时候学骑自行车的过程：

一开始，自己没有自行车，看到别人有且骑得不错，我们就会很羡慕。

等到自己有了一辆自行车，有些激动，又有些担心：学不会怎么办？摔倒了怎么办？

然后，自己大约能骑着走一段路了，虽然还不太熟练，但很有成就感；同时，在练习骑车的过程中，骑着骑着也会担心路况不好、大车突然迎面过来等状况。

再然后，自己已经熟练地掌握了骑车技术，所有的路都能轻松驾驭时，内心是平和的、满意的，时间长了，这些技能就会成为自己无意识的习惯。即使十年不骑，只要一上手，也能轻松驾驭。

这个学习的过程，不仅适用于家庭教育的学习，也适用于孩子的训练和教育。

家长还可以成立学习小组，互相督促、彼此鼓励、结伴同行、共同进步。

（五）成为"别人家的父母"

我们在孩子眼中是令孩子羡慕的"别人家的父母"的样子，孩子自然也就成了家长所羡慕的"别人家孩子"的模样。这时候，我们看孩子的眼神是温柔的、欣赏的、充满力量的。不管别人怎么看待你的孩子，你都觉得自己的孩子是闪闪发光的，是最棒的，孩子也能从你的这份相信中获得自信和力量。

不管别人怎么说你的孩子，但在你的眼中，他就是他，他的感受和看法比别人更重要。当家长抱着这样的心态去做的时候，孩子会感受到家长的爱和支持，也会逐渐发展出自己的内驱力，从而由内而外充满力量。

无论孩子的老师给了你怎样的压力，你都知道什么是对孩子真正有用且有力的帮助。

如果老师说："你的孩子昨天不是教育过了吗？今天又打人了。"你能理解老师的立场，同时也相信孩子渴望调整好，且清楚孩子有自己的调整节奏。在充分了解情况后，你可以对孩子说："老师发现你今天调节了自己的情绪，提高了管控小手的能力，昨天是 5 次，今天只有 3 次，比昨天进步了 2 次。妈妈陪着你一起加油，相信自己！"如此，孩子就能得到信心和鼓励，并暗下决心，变得越来越好。

孩子到了青春期时，可能会将我们关在门外，觉得我们很烦，但"别人家父母"都知道，孩子依然需要被爱，需要被温柔以待。我们可以精简自己的话术，或者暂时换个话题，或者给孩子传纸条、写封信，传达心意，让亲子关系越来越好，亲子沟通越来越顺畅。

成为"别人家的父母"，不仅能温暖自己，也能照亮孩子的内心和未来之路。

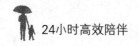

第三章　ZYL高阶父母

一、为人父母的 Zero 成长

（一）零基础——轻松入门

为人父母是一门庞大而深广的学问，但在我们成长求学的 20 多年时间里，虽然学习了不少学科的知识，但对如何为人父母这个学科，我们却从未真正修习过。可即便如此，我们依然成了父母，开启了影响孩子一生的养育过程。我们借着父母辈的经验、我们儿时的感受、家庭教育书籍、育儿专家的课堂……把孩子一天天培养长大。为了让养育过程更加顺利，更为了让孩子的成长过程幸福而快乐，家长们需要好好学习如何为人父母这门学科。

可是，很多人担心自己学不会，理由是自己上学时成绩不好、学历低、记性差……其实，在养育孩子的过程中，这些都不是问题，并不影响我们的学习，因为家庭教育是一套讲起来人人都听得懂、实践起来人人都能用得上、手把手教你如何思考如何说如何做的课程系统。

每个人拥有的智慧本自具足，学习或职场上的成功或失败经历，没有好坏对错之分，都是财富。每个人修行的目标都是到达"中道"，即在二元对立之上，看到更多维度。

每个家长要修行的课题不尽相同，如果某人曾在某些领域取得了卓越成就，就会强化关于好的执念，比如，"坚毅的品质是我事业成功的法宝，所以一定要让孩子拥有坚毅的品质，不能怕东怕西、畏畏缩缩、轻言放弃，不能让我的孩子长成这种类型。"这便是对于"坚毅"的执念，会给亲子关系带来很多麻烦。

孩子在探索中成长，势必会遇到沮丧、失落、不喜欢、畏难等情绪，家长不接受孩子的这种情绪，就容易产生偏执的念头、行为或情绪，恶化亲子关系，比如，"有什么好怕的？""我最讨厌你动不动就说放弃的话了。""继续练习，哭也要接着练。""你怎么那么没出息？将来想上大街要饭吗？"一旦用这些话挫伤孩子的心灵，也就关闭了亲子之间联通的心门。

此外，曾经在某些方面感觉很糟的经历，也会强化一个人关于不好的执念，比如，"小时候妈妈被骗过，你一定不要轻易相信任何人。"对任何人都保有一份警惕，虽然可以让孩子远离危险，但也容易让孩子活成"孤岛"。

人无完人，每个人都有自己的优势和不足。在家庭教育的修行路上，众人平等，不存在过往的差异，都需要从零开始。我相信，我们只要开启家庭教育的学习，便踏上了从 0 到 1 的征程。

（二）清空杯子——智慧人生新起点

每个人都有自己的人生经验，我们都是带着自己的原生家庭的烙印、过往的经历一路成长起来的，我们都有自己的信念、信仰和价值观。在这样的基础上，要想提高学习效果，就要暂时放下自己深信的观点，带着好奇心去倾听、去感受、去体验他人不同的视角，只有我们真正看到、理解、接纳了，才能获得 +1 维度的看法和思考。

比如，盲人摸象，摸到腿的人说大象像一根柱子，摸到身躯的人说大象像一堵墙，摸到尾巴的人说大象像一条蛇……大家各执己见，争论不休，可究竟谁对谁错？答案就是，各有各的道理。其实，只要看过大象的全貌，就能知道这些人只捕捉到了大象的一部分而已，站在他们的角度没有错，可是局部并不能代表整体。

这就是我们的修行之路，我们的格局也会在这个过程中逐步得到提升。

孩子的起跑线不是分数，而是父母的视野和格局。父母的视野和格局提升了，孩子成长的空间也将随之扩展，因此要对每一个帮助我们开拓视角、提升格局的人表示感谢，并发自内心地感恩贵人相助。

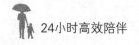

（三）零烦恼——养育不再是困扰

感觉好才能做得好，这就是人性！

焦虑是孩子健康成长的杀手。很多父母之所以焦虑，就是因为孩子不听话，自己会失控，感到不安，尝试了各种办法，却毫无效果，无助和无力感使会油然而生。焦虑是一种包含着担心、不安、无助、无奈、爱的复杂情绪，对大人和孩子来说都是具有负面影响力，会破坏和谐的亲子关系。

焦虑的父母无法养育出身心健康的孩子。父母心态平和，孩子才能保持情绪的稳定。放松下来，智慧才会降临，那么，如何才能将焦虑转为放松呢？答案就是，绘制清晰的养育蓝图，确定清晰的目标，采用具体可行的方法。

我们之所以要学习养育的方法和技巧，是为了让自己有办法从容应对，耐心陪伴，智慧处理。这时的我们，孩子会更喜欢，伴侣会更欣赏，我们也能发自内心地喜欢自己，并感受到"我棒极了"。

（四）零距离——发自内心的爱和陪伴

家长小玉之所以会走进我们的课堂，是因为她3岁的儿子冲她吼道："妈妈，你应该出去学习怎么做个好妈妈。"小玉一共生了3个孩子，家里每天都被搞得鸡飞狗跳的。学完我们的课程后，她11岁的大女儿说："妈妈，我好喜欢现在的你，你知道吗？我们班上只有你学习了正面管教，其他同学都希望他们的妈妈也去学。"

在家庭教育课堂上，我们常说"关系先于教育""先联系情感，再纠正行为"，甚至连金惟纯的作品《人生只有一件事》也提到了这个核心，用两句话来表达就是：

1. 我想不想跟你在一起，即关系；

2. 我想不想和你一样，即影响力。

如果对方根本就不想跟你在一起，自然就无法产生任何影响力；只有想跟你在一起，才有可能接受你的影响力。

父母更懂孩子，愿意静下心来花时间陪伴孩子，理解和接纳孩子的情绪和行为，爱就能自然地在彼此的心间流淌了。孩子发自内心地说一句"我很喜欢现在的你"，既是良好亲子关系的呈现，更是影响力的开始。

可见，只要懂得爱是什么，孩子真正需要什么，跟孩子的关系零距离，就能收获接二连三的惊喜，发出感慨：养育孩子原来是如此幸福！

（五）和孩子一起，从零岁开始再成长一次

凡事喜欢大包大揽的全能妈妈只能培养出低能孩子，高标准用来要求自己，或许能实现激励自己更上一层楼的美好心愿，但用来要求孩子则可能会对孩子造成沉重的打击，当孩子持续达不到高标准时，便容易走向自我放弃之路。

先有孩子，还是先有妈妈？两者应该是同步的，因为有了孩子，我们也就成了妈妈。他们是第一次做孩子，我们也是第一次做家长。我们有高大、硬朗、灵活的身体，他们有着超强的吸收和学习能力；我们拥有丰富的生活生存经验，他们有着无限的热情和好奇心；我们懂得如何保护自己适应社会，他们真诚且敞开，毫无保留地爱着我们；我们表达能力很强，他们观察能力、想象力和创造力极佳；我们会保护且陪伴他们成长，他们会回馈给我们爱、欢笑和美好……

每个宝宝都是天才！你相信自己的孩子是天才吗？亲子相处，需要互相信任，如果只是单方面供给太多，就无法滋养彼此；只有互相供给，才能彼此滋养。

我们都处在同一条起跑线上，一路扶持、各显所长、并肩携手、共同成长，才是良性健康的关系。作为父母，我们要感谢他们愿意成为我们的孩子，感谢他们能够陪我们一路修行。

二、为人父母的 Yes 赋能

（一）更优秀的孩子

每个人的心中都有一个梦想，觉得只要实现了梦想，就能过上幸福的

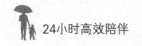

生活。而事实上，真正拥有幸福能力的人，无论身处何种环境，都能在平淡的每一天中感受到幸福，那是一种安在当下的从容。

看遍了世间繁华，尝遍了人间冷暖，回头思考一下这个问题：成功的养育究竟是什么？其实，这个问题是没有唯一的标准答案的。养育其实是一场马拉松，仅通过外在某个节点呈现，就判断其成功与否，为时尚早。同时，过得好不好，是一种主观感受，而感受如何，还要由当事人来决定。

幸福快乐是我们共同渴望的人生航向，父母要从小培养孩子"幸福的能力"。在成长过程中的每一个当下，如果孩子都有获得幸福快乐的能力，都有幸福快乐的感受，养育也就成功了。成功的养育，是当事人内在呈现的一种状态。

一位学员说："家长和孩子的人格是平等的。家长和孩子的关系，就像手中的沙，握得太紧，手会累；握得太松，沙会漏下去。所以，我们要把握好一个度。每个孩子都可能会遇到考试发挥失常的情况，要知道孩子自己也不想这样。家长理解他们的感受，他们就会觉得家长爱他们，他们就会努力，争取下一次考得更好。"

接纳孩子的情绪，允许孩子自由地表达，孩子才能有更持久的坚持力。

幸福感强的家长往往更容易敞开心扉，感受力更强，学习吸收得更快。同样，内心幸福富足的孩子会享受课堂学习，更能理解课堂内容，从而高效地吸收和成长。

孩子学习专注力差、小动作多、记性不好、情绪不稳定等，都是底层建构的外在呈现，我们需要从根源入手，给孩子充足的爱、安全感和信任，从而逐步放手，让孩子有足够的自信去向外探索。

提高个人格局，智慧地爱孩子，孩子就能自然而优秀。

优秀又省心的孩子，是整个家庭的福气，是为人父母的骄傲。这份喜悦和自豪感，充满了能量！

（二）更绽放的自己

不管人生如何，作为父母，我们都要保持乐观向上的心态，热爱生活，积极面对问题，坚持思考、努力学习、乐于请教，尽己所能解决问题。

父母热爱生活，孩子就能对生活多一份积极的看法；父母积极乐观，孩子就不会被困难打倒，不会轻言放弃；父母拥有善于发现美的眼睛，时常表达自己对生活的感叹和欣喜，孩子就能活在当下、珍爱生命。反之，如果孩子觉得太阳晒、下雨烦、学习辛苦，多半是父母在日常生活中潜移默化地把负能量传递给了孩子。

如果在各位父母心中把自己的孩子排在第一位、自己的父母排在第二位、伴侣排在第三位、自己排在最后一位，那么，无论我们多么努力、多么辛苦付出，都不能获得幸福。搞错了思路方向，必然南辕北辙。正确的排序方式应该是：自己第一，伴侣第二，孩子和父母第三。为什么要这样排序呢？让我们举个例子说明一下。

黄河在我们中国之所以被称为母亲河，是因为她孕育了黄河流域的所有生灵。想象一下，倘若母亲河河水充足，奔流而下，整个黄河流域的牧草、庄稼就能生机勃勃，牛羊马群就能膘肥体壮，牧民和农民们就能丰衣足食。反之，如果黄河干枯，牧草和庄家会怎样？牛羊马群当如何？牧民和农民又该如何生存下去呢？

父母没有的东西，如何能给予孩子？自己枯竭，孩子就会遭殃；自己丰盛，孩子就会富足。所以，活好自己，是整个家庭关系里的头等大事，这不是自私，这是更博大、持久智慧的爱。

爱自己，才能惊喜地发现，孩子更喜欢快乐的妈妈，伴侣更欣赏开心的妻子，其他人也会对你越来越好。如此，你也会全然一新，华丽绽放！

（三）更温馨的家庭

家和万事兴！绽放后的自己，世界也会全然不同。

陪伴孩子时，带着欣赏天才的眼光，真心和他们相处，就能在每一次的互动中发现新惊喜，忍不住赞叹生命成长的美妙。

和伴侣在一起时，放下手头的工作，全然地陪伴，眼神里就会流露出喜爱之光，收获爱恋的回流，带来怦然心动的感觉。

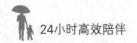

在日常小事上，为家人多考虑一点，精心制作一顿早餐，欣赏他们细细品味的满足，就能感叹：一家人在一起，真好！

见面和离别时，一个紧紧的拥抱，会让整个空气都变得甜蜜。

当父母不再为我们担心时，我们就长大了；当我们不再为父母担心时，我们就长大了。

当小家庭幸福和谐了，爸爸妈妈就会安心转向自己的伴侣；对孩子放心了，才能安心过自己的小日子。

所有人都处在正确的位置和关系上，家庭才能迎来前所未有的温馨，而在这其中的每个人也都会感到幸福。

（四）更美好的未来

物质基础决定上层建筑，只要身体有保障，时间上也会变得更加自由。心灵富足，就能悦享幸福人生，心灵自由和开阔，当下幸福和放松，我们就能自由地享受生命的美好，规划和迎接更加美好的人生。

人无远虑，必有近忧，美好的人生是一场规划的结果。

很多父母都有这样一种认知：我不学习，让儿孙去学；我没考上好大学，让儿孙去考。自己已然是一个失败的案例，如果还用逃避问题的方式来教养孩子，是无法取得好结果的。

有些父母总是说："我现在很忙，再等等！"可是，如何才能等到一个有钱、有闲又不烦的时光？孩子一天天长大，越来越独立，越来越难管，家长被孩子搞得精疲力竭，哪有时间和毅力实现自我成长。

歌曲《童年》中有这样一句歌词："总是要等到睡觉前，才知道功课只做了一点点。总是要等到考试以后，才知道该念的书都没有念。"其实，不仅是孩子，大人同样也是如此。小时候不明白自己为什么要学习，为人父母后，也觉得只是当个父母而已，根本不需要学习。可是，一寸光阴一寸金，等到自己意识到要将错过的黄金期补回来，那时我们就需要付出更多。我们要早点成长起来，才能带着更高的眼界和格局，陪孩子一起去触摸更广阔的未来世界。

三、为人父母的 Love 动力

（一）爱是养育的基础

原本陌生的男女，会因为爱情而结成夫妻，更会因为爱情而孕育生命成为父母……所有的付出都是基于爱。

最好的亲子关系是父母是孩子和世界联系的缓冲器：快乐时，他们会跟父母分享；伤心难过时，他们愿意向爸妈哭泣；遇到想不通的事情、难过的坎时，他们愿意在第一时间想到父母，跟他们说说心里话，像朋友一样交换思想。父母不断学习，保持睿智，在孩子遇到这些困难的时刻，即使无法为孩子提供帮助，也能给孩子最温暖、最安心的陪伴，带着最纯粹的爱和祝福，陪伴他们长大。

（二）爱是挑战背后的答案

在正面管教里有一个神奇的错误目标表，孩子 99% 的挑战行为都能在这张表里得到解码。

为了寻求家长的多一点关注，有些孩子会采取各种捣蛋行为，搞得家长烦躁不已。其实，他们只想证明自己在父母眼里是不是很重要，这时他们内在的声音是："你爱我吗？如果觉得我很重要，就请重视我，让我发挥作用吧！我需要归属感和价值感。"

为了寻求权力感，证明没人能管得了他，有些孩子会挑战我们的权威，而失去控制的家长就会感到被挑战甚至威胁。事实上，此时孩子们真正想要的是："我爱您，请让我参与贡献，给我权力自主选择。我需要归属感和价值感。"

为了报复家人，有的孩子不仅会对父母的判决进行反击，还可能变本加厉地破坏或伤害，让父母觉得失望甚至难以置信。其实，他们想要表达的是："我的情感被伤害了，请在乎我的感受，我需要爱和归属。"

孩子自暴自弃，消极且漫不经心，嘴上说着"我做不到！""我做不

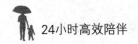

好！""不要指望我""我不行，我很差劲！"，让父母感到无奈而绝望。其实，他们内心真正渴望的声音是："请不要放弃我，我感到很沮丧、缺乏信心，请接纳我消极的外表，陪伴我，帮助我，让我看到小进步。爸爸妈妈是我彻底丧失信心前的最后一根救命稻草，我迫切需要来自你们的爱（归属感）和肯定（价值感）。"

心理学家阿德勒提出了行为目的论。他说："每个人的行为都是有目的的。"这就是上述冰山呈现的"感觉—信念—行为"模式。它是指遇到事情时，人们通常都会产生一种感觉，并引发内在的某种想法，反复检验是否符合自己的信念，确认完毕，就会通过具体行为反映出来。

然而，我们经常只能看到水平面上面的冰山一角，却看不到水面之下的庞大冰山。出现了行为问题，便进行矫正，费尽心思把浮出水面的冰山全部凿掉，并不能真正解决问题，反而会让更大块的冰山浮出水面。要想从根源上解决问题，就要看到冰山的全貌，理解每个人对于归属感（被爱）和价值感（我能贡献）的需求，然后再按照行为目的论的思维进行引导和调整。

要记住，应对挑战的基础是爱，爱是通往心灵深处的钥匙。如果带着爱陪伴孩子，所有的挑战都将不再是问题。

（三）爱是彼此滋养的动力

生活中，女人总会抱怨：

对老公："你怎么又这么晚才回来呀？家里两个孩子都不用管，是吗？一天到晚就知道工作，你心里到底还有没有我们呀？"

对婆婆："妈，我都说过多少遍了，不要给孩子喂饭，你怎么总是记不住？"

对孩子："要不是你把地上弄得这么乱，我会生气吗？会冲你发脾气，会打你吗？"

……

听着这些抱怨的声音，似乎都是别人的错，其实，这是女人自己的能量已经消耗殆尽，需要暂停休息一下进行自我调整罢了。

能量是会互相影响的。如果说负能量会传染，会制造矛盾，导致问题升级；同样，正能量也会扩散。你传播什么，对方就能接收到什么。爱是温情满满的正能量，人若是车，能量便是油。

男人需要尊重，女人需要爱，给对方最珍视的爱，彼此才能一次又一次地爱上对方，重新找回怦然心动的感觉。

很多经济独立的女性，时常会怀疑："我赚得了钱，扛得起水桶，养的了娃，还要男人干什么？"事实上，她们之所以会这么说，多半都是在爱情里没能得到滋养的。

（四）让爱更真实纯粹

有条件的爱，会让彼此身心疲惫，最终离幸福越来越远，我们要心存善念，多想想对方的好。

举个例子：

情人节，女人没等到爱侣的祝福、没收到礼物。为了将幸福牢牢抓在自己手中，她可以主动给对方发个微信："亲爱的，情人节快乐！"或者给对方送一束花、一盒巧克力，来表达自己的情意。这样，女人在情人节就不会再生闷气了，有时还能惊喜地收到老公的大红包、鲜花、烛光晚餐……因为老公可能是太忙了，或者不懂浪漫，并不是心里没你。

同样，面对孩子的挑战或错误，试着假设孩子是无辜的，把孩子往善意的地方想，这样对亲子关系的沟通和发展的好处往往更大。

很多2岁左右的孩子，看到其他小朋友时，都会上去推一下或打一下，家长看到后往往会立刻对其批评教育。其实，很可能是孩子想交个朋友，但他不知道该怎么做，想通过推、打的方式来引起对方的注意。

人之初，性本善。孩子的行为背后都有最纯粹或善意的根因，大人同样如此。我们要心存善念，用善于发现美的眼睛去看待这个世界，感受更多的温情和阳光，让自己的爱更坦诚、更纯粹。

让自己活成一束光，温暖自己，照亮他人，世界也会因为每个人的一点点改变而充满爱与感动。

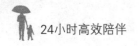

第四章 "养育"，是亲子共同的修行

一、为人父母的高阶视野

（一）"养育"是一场马拉松

一天下午，我在楼顶和 3 岁的欣晨一起玩逻辑狗。一位邻居走了过来，说："做家庭教育的妈妈，就是不一样啊！"

我微笑着回应。

这位邻居有两个孩子，老大已经上高中了，老二比我家孩子大一岁，正在上中班。他继续说道："我最听不惯'孩子就是一张白纸，不能输在起跑线'之类的话，我儿子很调皮，整天都停不下来，根本就不喜欢画画、看书，而他表哥一看书就是两三个小时。当然，他表哥电视也能一直看半天，我儿子能看半个小时就是奇迹了，总是在换台。你说，不同的孩子能一样吗？性格都是天生的。"

听他说完，我说："要不，让你家宝贝一起过来玩这个逻辑狗吧，他俩年龄差不多，估计能玩到一块儿去。"

他立刻拒绝，说："他呀，不喜欢跟女孩玩。"

我说："他才 4 岁，还有很强的可塑性，比较容易引导。"

他说："天生的性格，谁也改不了。"说完，他便走开了。

看着邻居渐远的身影，我不禁想，如果他是我爸爸，我会有何感受？在家长的心中，自己的人生从小就被一眼看到尽头，被下定结论，孩子只能感到沮丧，而这样的家长则显得有些推卸责任、讨清闲。

如果不过早地对孩子下结论定标签，而是静下心来耐心地感受和孩子相处的细节，其实会发现在陪伴孩子成长的过程中，我们能获得很多惊喜：

在孩子很小的时候，给孩子读书，他会坐到旁边，自己开心地翻来翻去；

3 个月时，孩子还不会说话，他会指着闪卡，让妈妈闪动；

上小学，学校要求跳绳，虽然孩子刚开始有些烦躁、想放弃，但在你的陪伴和鼓励中，跳绳也就成了一件让她骄傲的事情；

……

在自我成长的过程中，孩子一直都在观察和感受。观察父母如何说话、如何做事，感受父母的阳光态度和坚韧品质。同时，他们也会用自己的双眼渴望地看着我们，看到我们迎面走来，他们会欢欣鼓舞；教他们玩游戏，他们会感到好奇又充满兴趣。

当然，要想提高孩子的可塑性，父母还需要在格局上对孩子进行引导。

一次，一个家长对我说，她家孩子不愿意洗头。我立刻就感受到了她内心的那份被挑战的焦虑。针对洗头这个话题，我说："试着把眼光放得更长远一点，眼下的挑战焦虑就会少一些。"这位家长立刻反驳道："眼下的问题都解决不了，哪里还有心思想其他的？"

这种深陷日常琐碎泥潭而无法自拔的感受，确实让人难熬。但我依然想鼓励大家试着看得再远一点，因为只要从当下的视角中跳脱出来，就能重新看到一个人成长的全貌。

孩子一天天长大，终将成长为一个能够独立面对社会的人，他们会拥有生存能力，会更阳光、更自信、更幸福。那么，孩子该如何获得这些能力呢？答案就是，从小培养，潜移默化地养成。

面对"洗头"的挑战，就要借"洗头"的问题来思考一下：该培养孩子的哪些能力？比如：避免情绪化的沟通技能、独立思考的能力、一起解决问题的能力、照顾自己的能力、赢得合作的能力、抗挫力、自信力、勇气等；同时，父母还要了解孩子的心声，为孩子鼓励和赋能。

对孩子来说，每一次挑战都是一次绝佳的学习机会。忽视了挑战的正面作用，家长自然就容易心烦意乱；将挑战当作帮助孩子发展技能、学习知识的机会，家长便会放松一些，甚至还可能感到兴奋。

一叶障目，不见泰山！整天为生活中的小挑战而烦恼，就无法看到更远的未来，自己的每一天也会淹没在这些小挑战里。比如：不喜欢吃饭、拖拉磨蹭、迷恋电子设备、不刷牙、说脏话、打人、爱发脾气、不讲卫生等让人讨厌的挑战，会持续消耗你的能量，直至让所有能量都枯竭。我们都知道，一旦母亲河——黄河枯竭，就会危及黄河流域所有生灵的生命。对家庭来说也同样如此，因为妈妈是家里的"定海神针"，一旦妈妈的能量枯竭，整个家庭就会变得支离破碎。妈妈要将自己的能量养足，避免纠缠消耗，而是将注意力集中在孩子的成长上，带着爱、信任和允许试错的耐心，完善孩子的品质，就能越来越接近我们的养育目标。

同时，孩子有了大格局，很多挑战都将变成小事一桩，比如吃饭的问题。吃饭是孩子生存的基本需要，即使不横加干涉，孩子也会渐渐喜欢上吃饭，我们只要在家里少存点零食就行。再如，如果孩子早上起床晚、作业拖拉，就要让他们承担上学迟到和未完成作业的后果。因为家长都帮孩子承担了，所以孩子就会觉得那是父母的事儿，跟他们没关系。只有让孩子知道自己需要独立，需要有责任感，才会关注自己的上学时间和完成作业的进度。

再说说电子设备的挑战。孩子为何会迷恋电子游戏？因为很多孩子表示："当我想让妈妈陪我的时候，当我孤独/无聊的时候，他们就会递给我一部手机。"孩子就是这样一步步开始迷恋电子设备的。

孩子几个月大时，为了让孩子多吃几口饭，有些家长就会在饭桌上放一个手机或iPad，孩子看得认真，兴味十足，只要勺子一靠近，就张开嘴巴……时间一长，就会形成一种条件反射。看到孩子吃得又快又多，家长就会觉得很开心。等到孩子两三岁时，他们就会养成边看电视边吃饭的习惯。家长无法容忍这种习惯，就开始争夺电子设备，还责怪电子设备破坏了孩子的专注力。其实，只有给孩子真正高质量的陪伴，带着爱和信任一点点放手，才能和孩子一起成长，共赢未来。

（二）滋养现在，未来方可期

经过二三十年的发展，中国已经发生了翻天覆地的变化，曾经的很多"铁饭碗"如今已经被机器人所取代。世界不断革新，人们都在探寻新的出路，20 年后的世界将会怎样？孩子将来会从事什么工作？他们会过怎样的人生？……这些问题我们都无法想象。那我们应该如何养育孩子呢？

其实，老子早在《道德经》里就已经给出了解决方案，即以不变应万变。怎么理解呢？

举个例子：

孩子就像一粒种子，但这颗种子之后究竟长成的是树还是草、是只开花还是能结果、能开多少朵花或结多少个果实，都是未知数。如果孩子是种子，父母就是土地，土地并不会在意播种在土里的是小草的种子，还是高耸入云的杏仁桉。土地只会给种子无尽的爱，不会因为杏仁桉更伟岸而把小草变成杏仁桉，也不会觉得小草无忧无虑而把杏仁桉变成小草。

同时，土地也知道，种子如果想苗壮成长，更好地适应自然界的风风雨雨，就要将根系扎得够深，吸收更充足的水分、阳光和肥料。为了给种子打好根基，土地开始行动了。它们将蚯蚓吸引来，让自己变得疏松；它们尽情地汲取水分，确保一个相对稳定的湿度；它们沐浴在温暖的阳光下，让自己肥沃营养。

做完了这一切，土地就会带着欣赏和祝福，守望种子的成长。

种子开始长出根系，在松软的土地里深深扎根。露出土地的茎叶，快乐地汲取着太阳的能量、土壤里的水分和养分，一天天地长大。

在成长过程中，幼苗可能被风吹歪，被雨淋倒，可能伤心沮丧，也可能依然坚强。土地只会满怀爱意地、温暖地拥抱幼苗的根系，给它们持续输送需要的养分，并相信它们一定能克服困难，坚强地生长。

这也是父母需要做的，即给孩子提供成长必需的心灵营养，比如充足

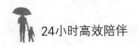

的爱、充分的安全感、畅通的联系、独立自主的自信、自我价值感。相信，只要吸收了这五大营养，孩子的未来就不会差。因此，父母要活在当下，主动承担起自己的职责和使命，不要对未来充满恐惧和担心，要尽情地陪伴孩子。

（三）家长和孩子，相辅终相成

通常，我们都很难界定土地和种子哪个更重要，因为分开来说，各自都没有什么意义；可是一旦合体，当种子生根发芽、长出累累硕果时，我们就能欣喜地品尝到果实，就会赞叹养育我们的土地。

家长和孩子也是如此。孩子没有诞生和成长，我们就无法成为父母，更无法践行自己的养育思维；孩子没有父母，也很难长大成材。

现代社会，孩子的起跑线是父母的眼界和格局。不要觉得"儿孙自有儿孙福"，忽视关键时期对孩子的培养，孩子的成长就会走很多弯路，他们的每一次受挫都会牵动我们的心。

李嘉诚说过："一个人事业上取得再大的成功，也弥补不了教育子女失败的缺憾。"既然一定要教育孩子，就越早越好，不要拖延，现在就开始行动。

同时，要注意，养育孩子的爱不同于所有人间之爱。亲子之爱，终将指向分离。为人父母一场，不能只知道养育孩子，还应有自己的生活和事业，圆自己不悔的人生梦。

家长和孩子，相互扶持，互相滋养，完成各自的修行，才能彼此成就。

把握现在，彼此滋养，才能更好地把握未来。

二、为人父母的共赢人生

（一）活好智慧绽放的自己

心理学家阿德勒说："要想健康，有两条路可以走。第一条路是去工作；第二条路是去爱。当然，还可以有更美好的第三条路，就是将前面两条路相结合，即跟爱的人在爱的地方做爱的事业。"

心灵导师卡耐基在给女性的忠告里提到三个"千万"，即千万要工作、千万要经济独立、千万要精致。

人生的成长轨迹共分为三个阶段。

第一个阶段：依恋。

该阶段就是从刚出生到走向独立的阶段。新生儿要想活下来，需要依赖成年人的照顾，对天天照顾他们的人有着超强的依赖。同时，他们会拿出全部的爱予以回馈，认真而专一。3岁前的孩子，对一个人的依恋更甚。尤其是全天陪伴照顾的全职妈妈，更容易被孩子粘着，甚至连倒水喝的时间都没有。

第二个阶段：独立。

随着孩子一天天长大，3岁时母子会经历第一次分离，进入幼儿园；6岁，孩子会独自背上小书包，开始6年的小学生活；12~18岁，孩子进入中学，需要住校；18岁后，孩子进入大学；毕业后，他们要恋爱、求职赚钱、成家……

孩子从依恋逐步走向独立，这也是他们人生中重要的分离过程。剥夺了这个过程，家长不放心、不忍心，包办过多，界限模糊，就可能培养出缺乏生存能力的啃老一族。

那究竟是什么挫伤了孩子的自信心和上进心呢？答案就是无知的爱。

这种爱是一把双刃剑，以爱之名，刺向彼此，痛，却难以启齿。

第三个阶段：互赖。

在这个阶段，亲子会在独立、平等、尊重的基础上，发展出共赢的合作关系，即我的生命里需要你。

万事不求人的个人时代已经过去，太过独立、强大、全能，只能让自己活成一座"孤岛"，无法获得真正的幸福。

只有重视对方，给他人提供贡献的机会，才能成功地建立联系。比如，今天去找A邻居，问："你家有水果刀吗？我家的突然找不到了，借我用一下。"下次A邻居家蒸包子，发现酵母粉不够，过来找你们一凑，齐活！明

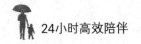

天朋友送的桃子吃不完，你们送给 A 邻居一些尝尝鲜。A 邻居家包子一出锅，就给你送来一盘。一来二去，就能建立两个轮回的联系。大家熟络了，见面笑吟吟地打声招呼，一天的心情都会跟着好起来。

不求人，也是一种选择，但做了十多年的邻居，互相都不认识，难道不感到孤独？

每个人都需要归属感和价值感，所谓归属感就是，我有所归属，我是被爱的、受欢迎的；价值感就是我是重要的，能够做出贡献的，对他人是有用的，被需要的。只要理解并达到了"互赖"阶段，无论是家庭关系、邻里相处，还是同事关系、朋友关系，都能收获更多的自信和快乐。

为了活好自己，让智慧绽放，首先就要将自己提升到"互赖"的高度。然后，带着感恩的心和善于发现美的眼睛，真诚且好奇地面对且享受当下的每一刻和每件事。如此，我们的人生就能自然地绚丽绽放。

（二）赋能他人共筑幸福生活

如何才能赋能他人？能，即能量。要想赋能给孩子，首先父母得有能量。

重视"互赖"关系，就能在一次次关系建立的过程中将自己的影响力、凝聚力传播出去，把自己绽放的样子呈现出去，之后孩子就能被赋能。

在养育孩子的过程中，父母要想赋能孩子，就要努力提升格局，让自己看得更高、想得更远，清楚孩子的成长需要。努力学习家庭教育，深入了解相关知识，就能捕捉到更多的机会，不失时机地赋能孩子。比如，看到孩子在认真观察蚂蚁搬家，就夸奖他们说，是孩子花了很长时间，静下心来，用心观察得来的宝贵结果；孩子打架了，要先欣赏他们敢于表达情绪的勇气，然后再对他们情绪表达的方式进行调整；对于孩子上课说话的行为，要先对孩子的表达能力和表达欲望进行鼓励，然后再谈课堂纪律的问题……

赋能孩子，父母就要睿智地区分一件事情中可圈可点的部分，以及需要调整的部分，不能一刀切。在亲子沟通中，如果孩子觉得自己不被理解，就会在无形中扼杀了原本拥有的天赋。只有赋能，才能让孩子变得更自信、更有勇气、更积极阳光地面对自己的人生。

在能够赋能自己、赋能孩子、赋能他人时，父母就能进入马斯洛需求中更高一级的需求上，即自我实现——让自己更有影响力，帮助更多的人，比如，我是一名家庭教育传播者，我的需求是成为家庭值得信赖的陪伴者和启发者，让他们少些迷茫，多些勇气和力量，持续前行，从而走出泥潭，走向幸福绽放的人生。

学习是有方法的，要想学得好，就要注意方法。先学，学完之后及时复盘，将所学结合自己的理解，跟生活联系起来，接着再练习如何说、如何做；在践行的过程中，加深对所学的理解和所思的巩固；如果条件允许，还可以将自己学会的教给他人。

教，是最好的学！不要觉得只要掌握了知识就能直接上台讲出来，要经过反复练习。讲课时，发现自己掌握的知识远远不够，就要回过头来仔细琢磨、反复查阅并用合乎情理的逻辑表达清楚。这个过程可能会花费很多时间，却能帮助我们更深刻地掌握知识点。这个过程，还可以帮助彼此遇见更好的自己。

在赋能孩子的过程中，爱的回流、成就的喜悦都会深深地滋养我们。

（三）你值得拥有更好的生活方式

每个人都渴望拥有更好的生活方式，但只有很少的勇者去追求了，多数人都觉得生活苟且、力不从心，根本不敢奢望诗和远方。其实，这是我们内在的生命黑洞在作祟。

带着一身创伤一路走来，成长为大人，当了父母，尽管各方面看起来都比较成熟了，但让我们感到不可思议的是，多数人现在的思维模式都是在 6 岁前形成的，一直沿用至今。换句话说，人生驾驶方向盘就是由一个不足 6 岁的儿童在驾驶。

小时候，父母是我们的天和地，家是我们赖以生存的唯一保障。如果孩子总是遭受父母的数落，孩子就会打心眼里认为"我不够好"；如果小时候亲子关系中断（被送走、被寄养等），或者总是被要求让着弟弟妹妹、听爷爷奶奶的话、别惹老师生气等，就会认定自己"一点都不重要"；如果爸

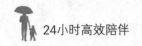

爸妈妈总是随意说出"我不要你了""给我滚出去"等话,我们就会感到不安……这些经历形成的信念,会逐渐变成自己内在的生命黑洞。

如表 4-1 所示,左边是丧失信心的语言,会让我们的能量越来越弱,不敢奢望自己可以拥有更加美好的生活和更加幸福的人生。右边是鼓励人的话,可以反复读给自己听。

表4-1 让人丧失信心和鼓励的话语对比

	丧失信心	鼓励
归属感	我不够好 我做不到 我没有力量或无法控制 我不安全 我不被爱	我足够好 我不必完美无缺 我在生活中是有力量的 我很安全 我被爱着
价值感	我没有贡献 我帮不上忙 我不被需要 我的想法不被接受 我不重要	我能贡献 我能以有意义的方式提供帮助 我是被需要的 我的主意是被考虑的 我很重要

阿德勒的个体心理学告诉我们,过去的事情已经成为历史,不管现在是 30 岁,还是 40 岁、50 岁、60 岁,我们都可以去做梦,拥有梦想。同时,从此刻开始一点一点地朝着那个方向去做,必然会在未来的某一天到达,实现梦想。

吉姆·罗恩在《雄心的力量》一书中说道:"大多数人都高估了自己一年内能做到的事情,也低估了自己十年内能做到的事情。"根据数据统计,目前,我们人类的平均寿命是 80 多岁,每 4 年平均寿命就会增加 1 岁。如今,人们的生活水平越来越好,医疗设备越来越先进,多数人很可能会成为百岁老人。所以,现在的你至少还有 70~80 年的光阴,这么长的时间什么路走不完?什么梦想实现不了?趁年轻,成长自己,勇敢地去追逐自己心中的诗和远方。

下篇
为人父母的从早到晚

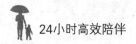

第五章　可以更"美妙"的开始

一、起床

1.早起的身教言传

【微案例】

最近一段时间，我每天都会早起，孩子起床后总能看到我在工作或学习，要么是在阳台上做文案，要么是在阳台上读书，这本书就是我利用早起时间整理编写的。让我没想到的是，自己的这个行为居然对孩子造成了影响。

欣悦感到很好奇，问："妈妈，你每天为什么起那么早？"

我告诉她："早起，会让妈妈更长寿呀！"

欣悦疑惑地问："啊？能有多长寿啊？"

我想了想，回答："这个，要根据早起的时间来看。"

欣悦看看我，然后说："妈妈，我也想长寿。"

我摸摸她的脑袋说："当然可以！你想活到多少岁？我帮你算算怎么做到。"

欣悦脱口而出："300 岁。"

我夸张地睁大了眼睛："300 岁？普通人的 3 倍。不过，只要提前一天做好计划，第二天又快又好地完成，就能达到。"

欣悦似乎很高兴，说："妈妈，今后你就 6 点叫我起床吧！"

我点点头，说："好的。"

之后，除了周末，每天我都会6点喊孩子们起床，欣悦每次都能按时起来。她会在最短的时间里将除了吃饭以外的所有事情都做好，然后跟我一起读书，或画画，有时还会问我需要什么帮助，比如需要什么新画……

【朱教练思路讲解】

家庭教育中，父母也在不断地摸索和学习，总担心语言及行为稍有不当，就会在孩子身上留下无法抹去的烙印。没有父母的成长，就没有孩子的成长。身教远大于言教，在充满书香气的家庭中，父母与孩子可以共同成长甚至相互影响。

有道是"行大于言"，父母要相信示范的力量。父母的一言一行，孩子都会看在眼里。父母跟孩子的沟通，完全可以更智慧。父母要清晰地知道，自己培养孩子的方向究竟在哪里，即要培养一个怎样的社会人才？同时，在沟通过程中，还要有意识地引导孩子，跟孩子达成共识。因为对于自己的决定，孩子往往更能坚持执行。

2.用游戏打造轻松的起床氛围

【微案例】

早上，我喊欣晨起床。

欣晨闭眼躺着，说："妈妈，我的眼睛不舒服，头也不舒服。"

我说："那妈妈帮你，带眼睛去洗个澡？"

欣晨觉得很好玩儿。

我接着说："要不，妈妈带眼睛去洗洗屁股？"这个年龄段的孩子，再加上受到大女儿欣悦的影响，欣晨对屎尿屁都非常感兴趣。

听我说完，欣晨呵呵一笑，立刻清醒了。她用手揉眼睛，说："我用手揉揉眼睛就行。"

我夸赞道："哦，自己想到好办法了。揉揉眼睛，眼睛就能睁开了！"

欣晨说："我的眼睛很脏，有很多灰。"

我说："这样呀，那我们还是一起去给眼睛洗个澡吧！"我张开双臂，期待她扑进我的怀里。

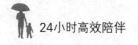

欣晨坐在原地，没动。

我继续说："来，让妈妈抱抱。妈妈实在是太想你、太爱你了。"

欣晨扑过来，紧紧地抱住了我，表白道："妈妈，我也爱你。"

然后，我们娘俩就开开心心地去洗手间洗漱了。

【朱教练思路讲解】

孩子们都喜欢做游戏，尤其是年幼的孩子，更是在游戏中成长的。如果孩子早上不想起床，同样也可以发挥游戏的作用。使用有趣的方式和孩子做游戏，就能营造轻松的起床氛围，换来大人和孩子一天的好心情。注意技巧是要自然地将游戏融入其中，让孩子感受游戏的乐趣，等到游戏做完，他们自然也就能起床了。

3.我生病了，帮我请个假

【微案例】

早上6点，我按照约定去叫正在上小学二年级的欣悦起床。

欣悦挣扎了一下，说："妈，我的手很疼，都没有法握笔写字了。你帮我给老师请个假吧！"昨天在家做手工时，她的手被胶枪烫了个大包。

我关心地摸了摸她的手，说："嗯，我跟老师说一下。"思考之后，我决定让她7点起床。

时针很快就走到了7点，我跟欣悦说："我收到杨老师回复的信息了。"我将手机递给她，让她看老师发来的信息："听到这个消息，我很心疼，一定要让孩子照顾好自己的手。不过手虽然不能写字了，但腿还能走路、眼睛还能看、耳朵还能听、嘴巴还能说，让孩子试着克服困难，坚持上课吧！如果写不快，就慢点写；如果写不了，可以不写……"

欣悦有点动容。

我突发奇想，笑着说："哈哈，我突然想到另一个小孩的故事。"

欣悦最喜欢听故事，于是好奇地问："什么故事？"

我说："之前也有个小朋友，腿摔骨折了。他跟妈妈说想请假，杨老师也是这样回复的。"

欣悦问："她是怎么说的？"

我说："她是这样回复信息的：听到这个消息老师感到很心疼，请照顾好你的腿。同时，杨老师特别想你，腿不能走路，但眼睛还能看，耳朵还能听，嘴巴还能说，手也能写字。杨老师特别希望和你一起经历每一天的课程，这样咱们就不会错过任何一点知识，学习才能会更轻松。"

欣悦关心地追问："后来，那个小朋友是怎么做的？"

我说："后来，那个小朋友让爸爸开车把他送到学校，爸爸、老师和同学们一起把他抬进了教室。这种学习精神太了不起了。"

欣悦有些动摇了，稍微纠结了一下，跑出来又看看时间，已经7：20。她烦躁地大吼道："哎呀，没时间了，肯定会迟到。"

老公不知道发生了什么，看到女儿急躁的样子，不耐烦地说："欣悦，你是不是发疯了？"

欣悦生气地跑回房间，片刻之后出来，已经换好了校服。然后，她立刻到洗手间刷牙，一边刷牙，一边唠叨："手好疼啊！都不能洗了。上学又要迟到了……"

我大声告诉老公说："欣悦早上醒来，手很疼，担心写不了字，想请假。杨老师回信息说，咱们能写就写，不写或写慢都没关系。欣悦也在努力克服疼痛，尝试老师的办法，非常了不起。"

老公立刻就听明白了，附和道："哦，原来是这样呀！"

得到了理解和认同，欣悦很开心，心情也好了很多，停止了唠叨。

吃完早饭，欣悦就跟奶奶一起开心地出门上学了。

我追出去，抱抱她，说："谢谢你，我的大宝贝。"

欣悦有点疑惑："谢我干吗？"

我说："谢谢你带给妈妈的感动，手受伤了，仍然能克服困难，坚持上课。妈妈也很受鼓舞，本来不想上班，妈妈决定向你学习，克服困难，好好上班！"

欣悦心情不错，推开我说："哎呀，妈妈，你总是这样。我去上学了，

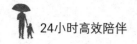

拜拜！"

我跟她告别："好！等你放学回来，晚上就跟妈妈分享今天有趣的事情哦！"

【朱教练思路讲解】

只有得到好的感觉，孩子才能做得好。听别人的故事，孩子就能更容易接受故事中推荐的办法，而非说教。如果父母能具备编故事的思维以及讲故事的能力，这绝对是育儿过程中的一大助力。年幼的孩子都喜欢听大人讲故事，只要愿意或条件允许，为人父母都能成为讲故事的高手。用心感受孩子，并坚持去做，结果必然会越来越好。

4.再唠叨，更不想起床了

【微案例】

妈妈黄晓燕和儿子全全都受够了每天早上一次又一次地叫起床、一遍又一遍地催促"快点"的模式。于是，他们约定以后黄妈妈早上只喊两次。第二次喊全全起床后，黄妈妈温柔地抱抱他，轻轻地说'吃早饭了'，并告知他早餐结束的剩余时间。

今早按照约定，黄妈妈第二次抱了抱全全，并提醒他："宝贝，让妈妈抱抱，早饭时间到了，离早餐结束还有30分钟。"说完，她就去吃早餐了。

吃完一根油条后，公公说："该不会又没起吧，待会又吃不上饭了。"

黄妈妈平静地说："爸，我理解你的心疼，也希望孩子能自觉吃饭。可是，吃饭是孩子自己的事，咱们替代不了，就像他昨天说的一样，越催越不起，相信他自己的决定。"虽然有点担心，但不管怎样，黄妈妈依然打算试试这个新办法。如此，心情就平静了许多。

早餐进行到2/3时，全全穿好衣裤，洗漱完毕，来到小客厅吃早饭。黄妈妈忍不住称赞道："哇，我们全全居然能自己穿衣和洗漱了，还赶上了吃饭时间。"公公笑呵呵地为全全盛粥。

饭后，黄妈妈鼓励全全："今天咱们一起尝试了的新办法，换来了早晨的平和美好。按时起床很不容易，你今天却做到了，谢谢你遵守约定。你对此感觉如何？"

【朱教练思路讲解】

邀请孩子一起思考解决起床困难这个问题的办法，体现了对孩子的关心、重视、尊重和信任，而这些正是亲子教育的关键。

对于孩子来说，最讨厌的可能就是父母的唠叨了。心理学术语"超限效应"告诉我们，外来刺激太多、太强或作用时间太久，都会使人感觉不耐烦。简而言之就是，想让孩子听你的，就要少些唠叨。"杯满则溢"告诉我们，在一件事情上，说得越多，孩子往往做得越差，甚至还可能会产生逆反心理。在孩子执行约定的过程中，父母只做该做的，只说该说的，少些担心和唠叨，孩子就能感受到被信任，自然就能做得更好。

5.面对"错误"，幽默轻松化解愤怒

【微案例】

今天早上6∶31，我喊欣悦起床，她觉得起晚了，应该让我6点喊她。整个沟通过程如下：

我："亲爱的欣悦，起床了。"

欣悦："到6点了吗？"

我："6点过了。"

欣悦："过了多少？"

我："过了这么多。"我想告诉她具体时间，可担心她炸毛，抱怨我喊晚了，便伸出手指比画了约5厘米的长度。

欣悦："妈妈，帮我拿下衣服。"她努力睁开眼睛，试图看清楚我手指描述的长度。然后，一骨碌爬了起来，准备穿衣服。

起床后，欣悦认真地看了看时钟，已经6∶42了。她没有生气，没有愤怒，心情还不错，吹着口哨去洗脸刷牙了。

【朱教练思路讲解】

每个孩子都会经历叛逆期，这时常常会出现"你说东，他往西"的情况，为了挑战父母的耐心，他们会采用反抗和不合作等方式。而往往在这时，父母也最容易失去理智。但如果父母能换个思路，尝试用幽默的方式

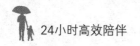

来化解，说不定就能轻松解决问题。

用幽默的方式，可以让孩子感受到趣味。通过幽默让孩子听话，你的话就会更有说服力。没有什么比幽默更能刺激孩子去做事情了。"幽默"是个好品质，无论是对孩子、伴侣、老人，还是对同事……绝对都是一项通吃技能。即使犯了错误，也不用担心，通过它都能得到比较好的沟通效果或是化解。

6.夜里尿床了，醒来这么聊更有效

【微案例】

这几天深圳气温骤降，幼儿园小班的很多孩子都开始尿裤子，有些孩子甚至还在家里尿床。

大前天晚上，欣晨半夜尿床了。

睡梦中，我听到她在说梦话："怎么进去呀，怎么进去呀？"

我醒来发现她没盖被子，于是立刻帮她盖上。我摸摸她的裤子，居然湿漉漉的，看来她是尿床了。我立刻帮她换掉了裤子。

早上起床后，我抱着欣晨，温柔地询问："昨晚做了找厕所的梦吗？"她点点头。

"找到了吗？"我继续问。

"没有。"欣晨摇摇头，有些失落。

我说："嗯，妈妈小时候也有过这样的经历，没关系。今天晚上如何才能赶走找厕所的梦呢？"

欣晨想了想，说："睡觉前，先上趟厕所。"

"好，晚上试试。"

前天晚上，睡觉前，欣晨上了厕所。结果，夜里依然尿床了。

早上醒来，我帮她换衣服，问："昨晚，又梦到找厕所了？"

欣晨可能有点起床气，烦躁得不想回答。

我抱抱她，说："没关系，你也不想这样的。妈妈陪你一起努力。"她点点头，情绪好了一些。

晚上，我又问欣晨："今天晚上如何才能赶走找厕所的梦呢？"

她想了想说："上两次厕所。"

我感到很好奇："哦？上两次厕所？怎么上两次厕所？"

欣晨："就是先去一次厕所，再去一次厕所。"

我："哦，我明白了。上两次厕所，还有吗？"

欣晨想了想，说："今晚不喝奶了。"

"哦，今晚不喝奶了。还有吗？"我重复道。

"半夜如果想上厕所，就赶紧去。"她继续想着办法。

"哦，半夜上厕所，如果需要妈妈，可以叫醒妈妈帮忙。还有吗？"我顺便表达了对她爱的支持。

欣晨："没了。"

我："好，那咱们今晚就试试你想到的这3个办法。妈妈再帮你铺个垫子，如果又梦到了找厕所，床就能保持干爽了。咱们一起努力。"

欣晨："嗯。"

今早起来，欣晨居然真的没尿床。

为了鼓励她，我这样说："宝贝，你摸一下自己的裤子，发现了什么？昨天晚上你一共想到3个办法，果真赶走了找厕所的梦。你感觉如何？你的小脑袋想出的办法真好，你自己能通过思考解决问题了。这对于3岁的小孩来说，实在是太了不起了。"然后，我又好好地抱了抱她。

【朱教练思路讲解】

对于年幼的孩子来说，尿床是一件很正常的事情。有些孩子可能半年都没尿过床，昨晚突然又尿床了；有些孩子五六岁了，偶尔也会尿床。对于这个问题，更好的解决办法是：不把它当回事，不要让尿床这件事困扰我们和孩子，让事情慢慢往更好的方向发展。要注意的是，此时大人不要对孩子进行批评、指责、羞辱，否则，只会给孩子心灵留下自卑创伤。

同时，引导孩子反思并想办法改进，孩子就能更自信地面对困难和解决问题。自我反省能力是一种内在的人格智力，是认识自我、完善自我、

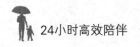

不断进步的前提条件。幼儿时期，孩子还没有形成完备的自我意识，自我反省的内在人格智力还处于萌芽阶段，需要家长正确引导，从小培养孩子的自我反省能力。

7.享受难得的赖床时光

【微案例】

最近一段时间，我早上起床都很早，最晚五点半起。

早上5：30，闹铃将我叫醒。我摸摸旁边睡得正香的欣悦，听着窗外呼呼的大风，真不想起床。

这时，在我心里，两个小人开始争吵：是早起，还是再抱孩子睡半小时，6点和她一起起床？

我纠结了一下，最终还是选择跟孩子再睡一会儿，好好享受了半小时和欣悦近距离的亲密时光。

【朱教练思路讲解】

理解并接纳孩子起床困难的情绪，父母就能更好地通过沟通解决问题，比如："妈妈理解你，因为我在起床时也会很挣扎，很想多睡一会儿。"家里是讲爱而不是不讲理的地方，在这里规则远没有家人对爱的需求和感受更重要，所以尽管遵守约定和惯例是培养孩子自律并养成习惯的关键，偶尔遇到特殊情况，也可以不执行。父母不仅要尊重惯例，还要尊重当时的情形，尊重孩子的正当需求，只要不影响他人、不伤害自己即可。

8.晨起运动，换来一早的满满活力

【微案例】

前一天晚上，我们做好约定，打算第二天早起到人才公园跑步。

早上，我跟欣晨来到了公园。她跑跑停停，跑累了，就坐下来耍赖，最后在距离我20米的地方坐下："妈妈，我走不动了。"

我蹲下来，微笑地看着她，张开双臂等待她。然后，她开心地跑过来，扑进了我怀里。

休息了一小会儿后，我们接着跑，结果欣晨中途又了停下来，并要赖道："妈妈，我很饿，我要回家。"

我又蹲下来，张开双臂等待她，她又一次开心地跑了过来。有时，我会数数："看妈妈数到几的时候，你能跑到妈妈身边来。"

就这样，我们累并快乐着，坚持跑完了全程。

经过一段时间的晨起跑步，两个孩子的体能都得到了大大的提高，对这个习惯的坚持也变得越来越容易。而且我们发现，每天只要跑步半小时，一天的精神都会不错。

【朱教练思路讲解】

对于孩子的成长，运动至关重要，亲近大自然的运动更是如此。孩子天生趋利避害，他们不会自主自愿自发有毅力地早起跑步，甚至跑一大圈。陪伴孩子成长，绝不是孩子想不做就不做，也不是严厉呵斥孩子必须去做，只有在两者之间轻推孩子，才能看到孩子的成长。如果条件允许，就要坚持早起运动，让孩子锻炼身体和毅力。如果有个环境好、氛围不错的场地，跑步就更加妙不可言了。

9.长期的早起困难症+早晨战争，怎么破

【微案例】

以下是我和6岁女儿欣悦的一段日常对话：

我："宝贝，我有件事想跟你谈谈，就是关于'早上起床'，我希望咱俩一起找个解决办法。你愿意谈一谈吗？妈妈保证不发脾气、不生气、不指责。"

欣悦："不跟你聊，你只会吼我。"

我："好，我明白。等你想听的时候咱们再谈。同时，谢谢你告诉我之前不恰当的方式给你造成的影响。对不起，妈妈一直都在努力学习。"

（如果孩子同意沟通……）

欣悦："好吧。"

我："你对这件事情有什么想法？你的感觉如何？"

欣悦："我觉得很烦！每天早上喊我起床时，我都很困；而且，你嗓门

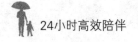

很大，听着就来气。"

我："听得出来，你觉得烦恼，是因为早上醒不来；妈妈态度不好，让你更生气了。你想睡到自然醒，妈妈的态度可以温柔一些。"

（停顿一下）

欣悦："嗯，妈妈喊我时不要那么大声。"

我："嗯，不大声喊，那你觉得妈妈怎么做更好？"

欣悦："温柔地喊我。"

我："哦，温柔地喊你起床，我记下来。还有吗？"

欣悦："可以喊我两次，喊一次离开，5分钟后再喊一次，我就起床。"

我："嗯，记下来'喊一次就离开，5分钟后再喊一次'。还有吗？"

欣悦："可以给我放一首我喜欢的音乐。"

我："嗯，记下来'放一首喜欢的音乐'。还有吗？"

欣悦："亲亲我的脸，摸摸我的头，搓搓我的背，我就醒了。"

我："哦，亲亲脸，摸摸头，搓搓背。还有吗？"

欣悦："没有了。"

我："嗯，妈妈也有个办法。提前一天晚上准备好衣服，放在床头。还可以提前10分钟把窗帘拉开……记下来。"

我："宝贝，你看。咱俩居然一口气想出6个解决办法，看来办法确实比困难多，只要我们坚持去想。接下来，我一条条地念，你如果同意，你就在前面打'√'。"

欣悦打钩如下图5-1所示。

✔ 1、温柔地喊你起床。

✔ 2、喊一次离开，5分钟后再来喊一次。

　 3、放一首喜欢的音乐。

✔ 4、亲亲脸，摸摸头，搓搓背。

✔ 5、提前一天晚上找好衣服，放在床头。

　 6、提前10分钟把窗帘拉开。

图5-1 欣悦的选项

我：“在你打钩'√'的几项里，2、4、5 三项我也能接受。”如图 5-2 所示。

√　1、温柔地喊你起床。
√√　2、喊一次离开，5 分钟后再来喊一次。
　3、放一首喜欢的音乐。
√√　4、亲亲脸，摸摸头，搓搓背。
√√　5、提前一天晚上找好衣服，放在床头。
　6、提前 10 分钟把窗帘拉开。

图5-2　我的选项

我：“接下来，你愿意从咱们都同意的 2、4、5 中选择哪些，咱们一起来试试新办法。”

欣悦：“我选择 2、4、5。提前一天晚上找好衣服，放在床头。早上第一次喊我时，亲亲我的脸，摸摸我的头，搓搓我的背，温柔地在我耳边说：'亲爱的宝贝，起床了。'说完离开，5 分钟后再过来喊我一次，我就会起床了。”

我：“好。咱们今天晚上就开始执行。对了，妈妈还担心一件事，就是妈妈喊完第二次，你还没起，妈妈可以怎么做呢？”

欣悦：“你直接温柔地抱我坐起来，说'今天天气可真好呀'。”

我：“好的。我再跟你核实一遍。今天晚上咱们先找好衣服放床边，明天早上 6：55 时，我会喊你一次，亲亲你的脸，摸摸你的头，搓搓你的背，然后温柔地在你耳边说：'亲爱的宝贝，起床了。'说完离开。5 分钟后我再过来喊你一次。如果还没有起床，我就温柔地抱你坐起来，说'今天天气可真好呀'。对吗？”

欣悦：“是的。”

我：“好的，今晚就开始实践，明天晚上咱们再一起回顾一下这个新办法。谢谢你愿意和我一起解决问题。”

（拥抱结束……）

【朱教练思路讲解】

良好的沟通，不仅有助于建立牢固的亲子关系，还有利于孩子社交情

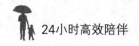

绪的发展，同时还能促进孩子语言、认知等的发展。孩子早上不起床，可以采用如下方法跟孩子沟通：争取可以放松沟通的机会；询问孩子对事情的看法、想法或感受；"共情"地说出对方的感受，表达对孩子的理解；先表达"每个人想法可能会有不同"，然后用"我"句式，说出自己的想法；感谢孩子的倾听和表达；邀请孩子一起思考双赢的解决方案，让孩子感觉好一点，减少父母的担心；找到解决方案，最终由孩子选择使用；再次表达感谢，约定时间对这个方法进行回顾。该流程背后有着严密的个体心理学理论支撑，按照这个流程，就可以和孩子一起解决绝大部分的问题了。

10.美妙的一天，从温情抚摸开始

【微案例】

早上醒来，欣晨温柔地摸了摸我的脸："妈妈，什么感觉？"

我温柔地回答："好舒服呀！"

欣晨用小手指轻轻点了点我的脸蛋和鼻子，问："现在什么感觉？"

"可爱。"我也可爱地卖了个萌。

欣晨又用双手用力搓了两下我的脸，继续问："现在是什么感觉？"

我说："欣晨不爱我了。呜哇！"然后，我假装哭了。

欣晨又用小手一点点抚平我眉间的忧愁纹，问："现在呢？什么感觉？"

"温暖，舒服，被理解，开心。"我幸福地藏到她怀里。

她紧紧地搂住了我，亲了又亲，抱了又抱："妈妈，我爱你。"

我说："我也爱你。"

早安，新的一天如此美好地开始了。

【朱教练思路讲解】

孩子出生后，听觉、视觉等感官发育尚不完全，触觉也就成了孩子感知世界的主要方式，成了孩子的第二"大脑"。父母应多对孩子进行抚触，跟孩子建立亲密关系，促进孩子的大脑发育。轻柔地爱抚孩子，不仅有益于他们的身体健康，还有利于他们的心理成长。因为抚触不只是皮肤的接触，更是父母对孩子爱的传递，能更好地培养亲子感情。只有感觉好，才能做得好。肢体的接触里蕴藏着输送爱的大魔力，父母要和孩子多用肢体接触表达爱。

二、穿衣

1.喜欢上了穿衣游戏

【微案例】

我："亲爱的宝贝，我们起床穿衣服喽。今天想穿红色的，还是蓝色的？你来决定。"

欣晨："红色的。"

我："好的。左手握拳抓紧秋衣，准备好了吗？开始钻山洞喽。"

欣晨："准备好了。"她的眼里满是兴奋。

我："咻——钻出来了。左手宝宝，任务完成得如何？"

欣晨："很好。"

我："好的，现在轮到谁了？"

欣晨："右手，准备好了。"

我："咻——钻出来了。哎呀，我听到秋衣宝宝在说'谢谢！谢谢右手宝宝的帮助，我一点也不怕黑洞了。'真是太好玩了。"

欣晨："不客气，下次我还带你玩儿。"

我："好嘞，好开心。接下来该穿什么了？"

欣晨："该穿裤子了。"她四处观察了一下。

我："好的，来小脚丫们，左左右右，准备好了吗？"

欣晨："准备好了。出发。"

我："咻——两只小脚丫也顺利且快速地钻出了又黑又长的山洞。"

……

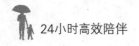

【朱教练思路讲解】

将游戏融合到穿衣服的过程中，孩子的兴趣就会大大提高，不管是衣服，还是裤子，他们都会积极配合。因为，游戏是他们的最爱。孩子感受到穿衣服很有趣，父母和孩子的心情就会好很多。孩子能在穿衣服的过程中体会到不错的感受，下次做同样的事情时，孩子就能做得更好。以游戏的心态面对生活，事情也能完成得更高效。

2.逐步放手，独立穿衣"我能做到"

【微案例】

我："今天妈妈要教你穿衣服了。昨天你唱的歌真好听。'妈妈，妈妈你歇会儿吧。自己的事儿我会做了。自己穿衣服呀，自己穿鞋袜呀，自己叠被子呀，自己梳头发呀，不再麻烦你呀，我亲爱的好妈妈。'今天咱们就学习穿衣服吧！"

听我唱完这首儿歌，欣晨似乎更兴奋了："好呀！"

我："来，观察一下这件衣服，这是后面，这是前面。把后面朝上、前面朝下，这样一钻，头就露出来了。接下来，小手钻山洞，你想先穿左手，还是先穿右手？"

欣晨："右手。"

我："好的。右手伸到这里来，开始找洞洞吧。找到后，咻——就从山洞里钻了出来。好，像这样，自己帮左手钻山洞吧！"

欣晨兴奋地说："妈妈，左手也穿好了，我自己就钻出来了。"

我："自己穿好衣服了，你感觉如何？"

欣晨激动地说："开心。"

我："学会自己穿衣服，真的很棒。接下来，咱们来穿裤子。我们同样先来观察一下，裤子前面有图案，裤子后面有标签……穿裤子和穿衣服有点不同。裤子是正面朝上，背面朝下。像我这样铺好，来，用小手分别抓住松紧带的两边，小脚丫们准备好了吗？左左右右，钻山洞喽！咻——"

......

【朱教练思路讲解】

父母亲自示范，孩子就能越来越多地参与进来，就能对整个流程的思考变得越来越具体；不失时机地对孩子进行鼓励，孩子就能及时获得喜悦感和成就感。当孩子将各环节都做到时，就可以放手让他独立完成了。同时，父母们要记住3个原则。第一，非请勿帮，请了可帮。即使再看不下去，孩子没跟你求助，也不要插手，要带着信任和爱静静地陪伴孩子。第二，孩子做得不好的地方，比如，衣服穿反了，不要立刻指出来，先让孩子实践几次，然后再友好地建议："观察一下，哪儿是前，哪儿是后。"让孩子建立自信，带着做得更好的信心和愿望进行调整。第三，标准不要太高，不要太较真，完成比完美更重要。

3.力所能及的事，"我来负责"

【微案例】

欣晨午觉醒来，不肯起床，我走过去摸着她的头："宝贝，还想躺一会是吗？那等你准备好了再起吧！"然后，我走到客厅做自己的事。

欣晨："妈妈，你过来。在床上太无聊了。"

我："是呀，起床后，就能做很多有意思的事情了。"

欣晨："什么事情？"

我："画画呀，做蛋糕呀，跟爸爸玩呀，做美食拼盘呀。"

欣晨："我要起床。"

我："好的。"

欣晨："妈妈帮我穿衣服。"

我："以前都是妈妈帮你穿，如今你已经长大了，可以自己穿衣服了。就像小时候走路一样，宝宝不会爬的时候，妈妈一直陪伴着；会爬了，妈妈就不用陪伴了，只要负责好安全就行。穿衣服也一样。不会穿时，妈妈帮忙；学习穿时，妈妈就帮忙拉一下，扯一下；你完全学会了，妈妈就不能干涉了。"

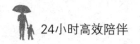

欣晨坚持："不，妈妈帮我穿。"我微笑着摸着她的头，不语。

她继续坚持："妈妈，你帮我穿。"我依然微笑不语，只是亲亲孩子。

她情绪开始有些激动："不行，你来穿。"

我继续微笑着说："妈妈现在能做的，就是在这里陪你5分钟，看着你穿衣服。"

欣晨继续坚持："不行，我就要你帮我穿。"我继续微笑不语，亲亲孩子。

最后，我说："妈妈现在还能陪你1分钟。"她不情愿地用1分钟时间穿好了衣服和裤子。

我故作惊讶地说："哇，你用1分钟就穿好了。"

欣晨继续争取着："袜子，你帮我穿。"

我："相信我了不起的宝贝，自己可以做到哦。好了，5分钟到了，我在客厅等你哟，爱你。"

欣晨："等等我。"

欣晨迅速地穿好袜子，紧随其后跑了出来。

【朱教练思路讲解】

和孩子的沟通，就像是一场谈判，不是非赢即输，而是要实现双赢，即既尊重自己，又能让孩子容易接受，从而影响孩子让孩子能养成好品格，习得未来发展需要具备的技能。为了实现这一目的，我们可以像案例中的"我"一样，和善而坚定。

在沟通过程中，还要注意以下这3点。

第一点，尊重自己的底线。不愿做的事情，不要勉强自己做，不要迫于孩子的压力做，不要为了大事化小而做，不要为了逃避孩子的愤怒而做。第二点，尊重孩子"被爱"的需求，态度始终温柔而有爱。第三点，尊重孩子的发展规律，如果是孩子力所能及的事情，就要鼓励他自己来完成。

坚持和善而坚定的态度，能让亲子间的沟通既有满满的爱，也有清晰具体的原则，孩子也就能意识到：妈妈值得信赖，能够说到做到。

4.选衣权力，交给谁

【微案例】

早上，爸爸给5岁的女儿萱宝穿衣服。萱宝要穿艾莎公主裙，爸爸想给她穿新买的裤子。无论爸爸怎么劝说，萱宝都不愿意接受。僵持不下之时，萱宝就开始哼唧。

爸爸很生气，说："还伺候不了你了。"萱宝看到这个情景，干脆哭了起来。

过去，妈妈李雪会很生气地指责爸爸的语气和态度，今天却改变了方法：她先做了一个手势，然后对萱宝说："宝贝很想穿艾莎公主的裙子，妈妈也很喜欢。只不过今天上学，需要穿裤子。爸爸手上一共有3条裤子，你来决定最幸运的裤裤宝宝吧。"听妈妈这么说，萱宝哭得小声了点。

李妈妈将萱宝抱在怀里，摸着她的背，说："妈妈爱你。"两分钟后，她平静了下来，很快就选好了裤子。

李妈妈一边给萱宝换裤子，一边说："爸爸买的这条裤子真不错，裤型修身，布料柔软，颜色也是和家里的不重样，既耐脏又吸汗，最适合户外运动时穿了。"

感觉到爸爸的怒气值有所下降，李妈妈又说："幼儿园开运动会时，爸爸跟你一起参加了很多比赛，为了赢得比赛，爸爸还摔了一跤，膝盖到现在还没好呢，好心疼爸爸呀。爸爸真的很爱你。妈妈爱你，爸爸爱你，奶奶爱你，弟弟爱你。新的一年，我们要开心快乐！"

萱宝笑了，心情好了很多。

几分钟后，爸爸主动抱着萱宝说："爸爸爱你，刚才爸爸发脾气说的话，你要立刻忘掉，原谅爸爸，好吗？"

【朱教练思路讲解】

生气时，孩子就像皮球，拍打得越用力，弹得就越远，因此不仅要给孩子时间，还要温柔地抚摸，让孩子尽快消气。孩子获得好的感觉，才能

73

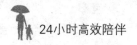

做得更好，让孩子自己选择衣服，也可以减少很多矛盾。孩子虽然年龄小，但也有自己的喜好，通常会选自己喜欢的衣服。儿童的服装款式各异，颜色也不相同，为了提高孩子穿衣的积极性，就要让他们自己选择。家长不要按照自己的喜好来给孩子穿衣，不要以"为你好"为借口来替孩子做决定。

5.尊重自然结果，我做主，我选择，我负责

【微案例】

下午5点，我带欣悦去上钢琴课。熟睡的她被喊醒，可能没睡好，她满腹牢骚。

我抚摸着她的头，温和简短地说："等一下咱们一起去上钢琴课。"然后走开，去准备自己要出门的事。

穿鞋时，欣悦又烦躁了。她最喜欢的鞋子被我洗了，现在还在阳台晒着，她不想穿其他鞋。

看到欣悦纠结的神情，我说："以我的经验，湿鞋子穿在脚上，不仅不舒服，还容易伤到脚，鞋子还容易坏。到鞋架上找找看，找出自己第二喜欢的穿一下。等湿鞋子晒干了，周一上学就可以穿了。"

欣悦继续纠结，做出选择对她来说似乎很艰难，情绪也不太好。

我说："相信你可以决定怎么做对自己更好。妈妈先下楼把小电驴准备好，我在楼下等你。"

听到我这么说，欣悦更生气了："妈妈，你要走就自己走，我不去了。"

"你不想让妈妈先走，那我再等你2分钟。不过，时间真的不多了，妈妈有些着急。"说完，我继续等她。

欣悦依然很纠结，2分钟后也没做出决定。我说："亲爱的宝贝，妈妈相信你一定能找到适合自己的鞋子。妈妈要赶紧下去准备车了。我在下面等你。"

"要走你自己走。"欣悦还是这样回答道。

我下了楼，相信她很快就会下来。结果，没用2分钟，欣悦就下来了。但她依然很生气地说："讨厌，妈妈！"不过，即便如此，她还是立刻坐上

了车，搂住我的腰，情绪很快就恢复正常了，一路上我们有说有笑。

【朱教练思路讲解】

父母要相信孩子，不要跟他们争输赢，和善而坚定，放下担心、焦虑、紧张，事情就会往更好的方向发展。吃多少饭、穿什么样的衣服，本就是孩子自己的事情，他们需要在实践中学习如何更了解自己、更好地照顾自己。"选择—决定—经历—感受"就是孩子从这件事情中收获的东西。父母费尽口舌，最后只能给孩子留下"什么都强迫我，什么都听你的"的印象，试着把选择权还给孩子，他们就能在自我感受中进行调整，并最终用自己感觉更舒服的方式照顾好自己。尊重自然结果，也是对孩子独立人格的尊重。蒙特梭利说过："孩子的成长需要依靠自身不断地、有意识地、自主地、独立地与外界环境互动来满足。"探索和学习是孩子的本能，父母只要为孩子提供环境即可，不用管教。在养育孩子的过程中，管的应该是对行为规则的遵守，放的则是心灵。

6.看得见的不足，被忽视的美好

【微案例】

早上，我在厨房准备早餐，欣晨只穿着袜子走过来。

我："宝贝，你漂亮的鞋子们在呼唤你呢，它们都在说：'小主人，快穿我''小主人，让我保护你'。"

欣晨笑了，好奇地问我："妈妈，如果我穿着鞋，你又会怎么说？"

我："我会说：'哇，看看我的小宝贝，自己穿好了鞋子，越来越会照顾自己了。'"听完，她开心地穿鞋去了。

又一个早上，欣晨起床后，就开始找衣服。自己穿好了上衣、裤子和鞋子后，走到厨房门口，看着我笑。

我微笑着从上到下打量了她一番，然后严肃地说："哎呀，宝贝，你把鞋子的左右脚穿反了。"

欣晨没有立刻进行调整，而是淡然地问我："妈妈，你没注意到。今天我是自己起床，穿好了上衣、裤子和鞋子。"

我立刻蹲下来抱住她:"是的,妈妈看到了。我的小宝贝在起床、穿上衣、穿裤子、穿鞋子等方面都独立了。我的宝贝一天天长大了,谢谢你带给妈妈成长的感动。"

事后,每每想起这个画面,我都会感慨:亲爱的宝贝,谢谢你用这样的方式让我有意识地进行反思,让我养成"关注你正面"的习惯。

【朱教练思路讲解】

关注孩子"做得不够好"的地方时,父母也可以反思一下:孩子如果做得好,你又会怎样反应?如果孩子发现,自己做得好,往往得不到关注;而调皮捣蛋犯错误时,会得到很多关注,即使是打骂也好过无视……就会出现强化孩子的错误目的,为了赢得父母的关注,他们就会做更多让我们无法接受的事情。所以,为了达到"正向引导"的目标,我们要多去关注孩子在这件事情中的正面行为和结果,并及时予以鼓励。

三、刷牙

1.有限选择换来轻松刷牙

【微案例】

我:"宝贝,我们去刷牙吧!牙刷小卫士已经迫不及待地要为我们的牙齿服务了。"

我温柔地走到孩子面前,一边用有趣的方式说着,一边把她带到洗手池旁。

我:"牙齿警察准备工作了。你想用草莓味的牙膏,还是香橙味儿的?选一个。"(有限的选择)

我拿出两种牙膏,让孩子选择。

欣晨:"草莓味的。"

我:"好咧。草莓味警察来报道了。今天你想自己刷,还是让妈妈帮你

刷？你来决定。"（有限的选择）

欣晨："妈妈帮我刷。"

孩子兴高采烈地做着选择，开开心心地跟我一起配合刷牙。

【朱教练思路讲解】

说什么远没有怎么说更重要。案例中，"我"用温和坚定的语言和行动对孩子进行引导，给孩子有限的选择权，让孩子选择是否自己刷牙，以及牙膏的口味，给予孩子部分权力，孩子就能体会到主人翁的感觉。同时，使用有趣的词语，更容易引起孩子的兴趣，如：牙刷小卫士、牙齿警察等。

2.牙齿里的不速之客

【微案例】

欣晨："妈妈，我不喜欢刷牙。"

我温柔地抚摸着孩子，关心地询问："哦？能跟妈妈说说原因吗？"

欣晨："刷牙时，我的舌头很痒，还有很多泡沫，不舒服。"

我温柔地抚摸着孩子，尽量和孩子眼睛平视，说："我明白了。牙刷在嘴巴里来回刷，你觉得有点痒，还有很多泡沫，你不想刷牙，不想这么不舒服。"

欣晨："是的，妈妈。可以不刷牙吗？"

我："嗯。不过，妈妈有些担心。如果牙齿坏了，就什么都没法吃了。所以，妈妈想陪你一起保护珍贵的牙齿，让牙齿更健康，就能吃更多美食了。"

欣晨："妈妈，你再给我讲讲蚜虫的故事吧！"

我："好呀。还记得我们上次看的绘本《牙齿大街的新鲜事》吗？牙齿是人类的好帮手，可以帮助人们把自己喜欢吃的食物统统碾碎，然后输送到肠胃，为每天的生活提供充足的营养。当然，牙齿工作完成后，还希望我们及时漱口和早晚刷牙，保持牙齿的健康。不肯刷牙，牙齿里就会进驻很多不速之客——蛀虫……"

欣晨："妈妈，我刷牙不舒服。"

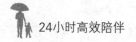

我："嗯，妈妈理解你，但我们都希望自己的牙齿是健康的。你觉得我们可以用什么口味的牙膏？采用怎样的方式，才能让你感觉好一点？"

欣晨："我能用可乐味的牙膏吗？"

我："哦？可乐味，如果真有这种味道的，下次咱们去超市购买。现在家里有苹果味、草莓味、香橙味的，你想用哪一个？你来决定。"

欣晨："苹果味吧。我能刷3下、吐1次吗？"

我："这样可能会流失掉一些牙齿警察，不过你可以试试，多刷一会儿。"

欣晨："嗯，我现在就试试，多刷一会儿。"

【朱教练思路讲解】

真诚且耐心地倾听孩子，重视孩子的"大烦恼"，并让孩子感受到父母的关心，孩子才能更有勇气和力量面对和解决问题。总是跟孩子说"不刷不行，必须刷！""哪有那么多破事？""男子汉，连这个都克服不了，还能干啥？"等话语，只会让孩子觉得更糟，会让孩子失去信心和勇气。养育孩子的路程很长，每一个智慧养育的场景，都可以让孩子变得更智慧。

3.看牙医

【微案例】

昨天，我第三次带着欣晨去看牙医。牙医诊断最里面的大牙完全被蛀空了，还伤到了神经。

前两次的看牙经历已经给欣晨埋下了心理阴影，这次的痛苦似乎超过前面数十倍。她疼得拼命哭，缩成一团。

欣晨："妈妈，我害怕。"

我："妈妈知道，妈妈陪着你。妈妈握着你的手，会不会好一点？"

欣晨："妈妈，好疼。"

我帮她擦擦眼泪，说："嗯。我们问问医生，能不能轻点儿。"

欣晨："妈妈，我想回家。"

我："妈妈也想家了，咱们一治完牙就回家。"

欣晨："妈妈，我不想治牙了，我害怕呀！"

我紧紧地抱住了她："稍等一下，等你准备好了，咱们再继续。"

暂停一会儿后，她鼓足了勇气："妈妈，我准备好了。"

我："好，那你再躺上去。妈妈在这里陪着你。"我依然紧紧地抓着她的手。

欣晨："妈妈，我还是害怕。"

我摸摸她的头，说："妈妈突然想到，生你的时候，我也躺在床上，爸爸也是这样坐在床边紧紧地握着我的手，我还跟肚子里的你说：'欣晨，我们一起加油。'当时我的肚子很疼，结果坚持了一下，嘣，你就生出来了。妈妈很开心，终于见到我最爱的欣晨小宝贝了。"

欣晨认真地听着，并暗暗给自己力量，最终完成了整个过程，没用麻药。

【朱教练思路讲解】

孩子的痛苦，父母无法帮忙承担，只能靠她自己来缓解。"我"陪伴她、鼓励她，顺利完成了补牙，再一次说明了"懂她、理解她"的伟大力量。

在孩子的成长之路上，充满了困难和坎坷，父母既不要逼着孩子往前冲，也不要让孩子直接放弃，要让孩子感受到：父母一直都在陪着他们面对，一直都在给他们爱、支持和鼓励，如此孩子也就有了战胜痛苦和困难的力量。同时，无知的代价异常昂贵。孩子小时候不重视牙齿的检查，后续不仅会花很多钱，孩子还会遭受很多罪，因此如果发现孩子的牙齿出现问题，我们一定要尽早进行干预和治疗。

4.倾听孩子，不刷牙可能另有隐情

【微案例】

爸爸命令儿子全全去洗漱，因为他一直期望：自己下一个命令，孩子就能够立刻执行。全全不愿意，想先去游园会。爸爸批评指责了全全一通，然后走开了。

全全很生气，眼看空气中马上就要弥漫起愤怒的气氛，妈妈黄晓燕抱过孩子，亲了亲他。

全全还在气头上，不愿意。黄妈妈说："妈妈爱你，宝贝！只有抱抱你，妈妈才会感觉好一些。"

感受到孩子的情绪平复了一些后，黄妈妈继续说："宝贝，妈妈发现你有些生气，有些伤心。是因为你很想玩的时候，爸爸要你先洗漱，你希望爸爸能够尊重你的想法，对吗？"

全全说："其实，我也不一定要现在去游园会。我可以先洗漱完，等有时间了，比如下午、明天，都能去游园会。"

黄妈妈继续温柔地摸摸他的头："宝贝，你希望好好沟通、有话好好说，对吗？那么接下来，你想做什么让彼此感觉更好呢？

全全："我可以现在刷牙，晚点你帮我跟爸爸说说，让他好好说话，不要总是命令我，可以吗？"

黄妈妈欣慰地抱紧了全全："谢谢你，宝贝。你自己已经安排好时间了，还愿意给爸爸时间，还想到了缓和你和爸爸关系的沟通办法。相信，这种为幸福努力的态度和行为，一定能让我们收获更多的快乐。"

【朱教练思路讲解】

怎么说，孩子才会听？如何说，才能赢得孩子的合作？为了达到目的，就可以运用"55-38-7"法则。该法则认为，在沟通的信息中，有55%的意义来自视觉的身体语言（仪态、姿势、表情），38%的意义来自谈话时的声音（语气、声调、速度），只有7%的意义来自说话内容（遣词用字）。在上述例子中，其实并不是"刷牙"这件事本身的问题，而是"快去刷牙""现在就去刷牙""赶紧刷牙"……孩子接受到的是命令、要求、强迫等，觉得自己不被尊重，激起了反叛情绪。其实，只要平静地坐下来，让孩子认真聊聊他的想法和感受，或许就能找到答案，父母要耐心地带着爱去挖掘。

四、上学

1.我不想去上学

【微案例】

牧泽："妈妈，今天上哪个幼儿园？"（孩子把早教、兴趣班、幼儿园统称为幼儿园）

肖妈妈（肖艳丽）："宝雅幼儿园。"

牧泽："我不想去宝雅幼儿园。"

肖妈妈蹲下来，温柔又真诚地看着他，并摸摸他的头："哦？能告诉妈妈是什么原因让你不想去幼儿园吗？"

牧泽："我就是不想去幼儿园。"

肖妈妈："我们星期一到星期五都是需要上幼儿园的。"

牧泽："妈妈撒谎，今天是星期六。"

肖妈妈："哦，妈妈知道了，你想 Ginny 老师了，是吧？"

牧泽："是的，现在就想去 Ginny 老师那里。"

肖妈妈："嗯。星期六我们生病了，没去 Ginny 老师那里，所以宝宝现在很想 Ginny 老师。"

肖妈妈抱住牧泽，让他静静地依偎在她的怀里。

一分钟后，牧泽想到一个好主意："妈妈，我们给 Ginny 老师发个语音。"

肖妈妈表示同意，然后跟他一起开心地出门了。

【朱教练思路讲解】

孩子虽小，也有自己的想法、不满或意见，父母完全可以跟孩子沟通，让孩子讲讲自己的想法、发生的事情等。在一问一答中，在孩子的讲述中，

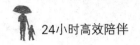

就能了解孩子的心声。

爱孩子，首先就要懂孩子。当孩子出现各种情绪、遭遇各种挑战时，父母只要对他们多一些理解，多倾听孩子的心声，聆听他们的想法和感受，孩子就能从被理解中得到情绪的释放，获得更多的勇气和力量。

2.我要带着"它"一起去上学

【微案例】

早上出门，牧泽拿了一盒彩虹糖在手里摇啊摇。妈妈肖艳丽想，带就带吧，吃就吃吧，反正也没几颗。之后，她没做任何提醒。

在幼儿园门口见到老师，牧泽主动把彩虹糖交到妈妈手里，说："妈妈给你，帮我把彩虹糖带回家。"

肖妈妈突然感到很惭愧，如果在她看到孩子玩彩虹糖时就说"宝贝，早上起来不能吃糖，也不能带零食去幼儿园"，孩子可能就不会将彩虹糖带到幼儿园了。

回到家后，肖妈妈写了一个鼓励果，打算孩子放学回来念给他听："亲爱的宝贝，今天早上我们一起到幼儿园时，你把彩虹糖一颗不少地交给妈妈。谢谢你还记得并遵守了我们的约定和学校的规定。要想抵制住糖的诱惑，并不容易，你却做到了。你越来越会照顾自己了，这就叫独立。"

【朱教练思路讲解】

孩子虽小，很多事情也有自己的打算，不要因为看到了孩子的某个行为不正确就马上制止。在某件事还没看到结果之前，一切都是未知数。也许，孩子的最终行为也会让你眼前一亮。看到孩子拿糖，很多父母的本能反应就是：他要吃糖！他要带糖去学校！他不守规则！然后，就会脱口而出自己的各种担心、纠正、提醒……父母一旦猜错，就会产生深深的内疚和自责"我怎么可以这样想？""怎么能这样不信任孩子！"……其实，只要观察、倾听、放手和信任孩子，我们就能收获更多的意外和惊喜。

3.最喜欢妈妈陪我去上课

【微案例】

下午，我带欣晨去上早教课。

老师告诉我："课上，欣晨非常兴奋。爸爸陪同上课的时候，都是靠墙坐在后面看手机，孩子能独立听课。妈妈陪着上课，就不一样了。"

下课时，我问欣晨："我感到很好奇，妈妈陪你上课的时候，你是什么感受呀？"

欣晨："我很想说话，停不下来。"

我："哦，那爸爸陪着你上课的时候呢？你是怎么停下来的呀？"

欣晨："爸爸陪我上课，我的心都睡着了。"

我："哦，爸爸陪你的时候，你的心睡着了；妈妈陪你的时候，你的心睡不着。"

欣晨："对，妈妈陪我的时候，我的心不舍得睡着。"

我："哦，是这样呀。那你更喜欢爸爸陪你上课，还是妈妈陪你上课呀？"

欣晨："更喜欢妈妈陪我上课。"

我："嗯，妈妈要检讨，因为陪你上课的时间太少，以后妈妈尽量多一些时间陪你来上课，好不好？"

欣晨："嗯，爱妈妈！"然后，她又紧紧地抱了抱我。

【朱教练思路讲解】

陪伴孩子，就能进一步了解孩子的学习过程，也能给孩子带来安全感。毕竟孩子还年幼，还不愿意跟大人分离，尤其是妈妈。爸爸陪孩子上课，孩子很乖；妈妈陪同，孩子就各种闹腾。原因在于，在孩子心里，不同的陪伴对象、陪伴频次，获得的感受不一样。这里不是孩子乖不乖的问题，而是因为兴奋，因为珍贵，因为更热烈的爱。爸爸妈妈的爱，尤其是妈妈，在孩子0~6岁这个阶段，谁都比不了，也替代不了。记住：父母的用心付出和陪伴，在孩子心里，每一笔都算数。父母要一起努力，尽自己所能，

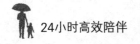

多参与孩子的成长。

4.在学校学会了说脏话

【微案例】

孩子三年级开学后，学会了一些脏话。放学回到家时，他时不时就会蹦出来一两句。前段时间学了一句"傻逼"，开心的时候会说这两个字，生气的时候也会说这两个字，让人听起来很不舒服。但通过观察，妈妈韦柳凤发现，他似乎并不知道这个词的真正含义。于是，她决定找个机会跟他聊一聊。

韦妈妈："子涵，我发现你最近学会了一个词。我猜最近学校有人说，你觉得很酷，便学会了。可是，妈妈听了这个词感觉很不舒服。我觉得，你并不知道它的意思。"

子涵："哎呀，不就是一句感叹词吗？我们班同学都在说，表达一种强烈的情感。"

韦妈妈："是的，我猜你也没有任何恶意。其实，这个词的真正含义是对他人极大的贬低和不尊重。你感受一下，我猜你也不希望别人这么对你说。"

子涵："今天同学还对我说这个词了。"

韦妈妈："哦？你当时的感受如何？如果是我，我会感到很不舒服。"

子涵："我也感觉不被尊重。算了，这个词确实不好，我下次不说了。"

韦妈妈："谢谢你愿意站在别人的角度考虑他人的感受，你的善良让妈妈感动。网络上现在很流行一种表达强烈情感、让人听完既开心又有动力的词，叫'奥力给'，意思就是'给力哦'。试着让这个更酷的词成为习惯吧。"

子涵兴奋地张大眼睛看着妈妈："妈妈，这个词很酷哦。我要学，我要学。"

韦妈妈："当然，我们一起练习使用吧。谢谢你愿意照顾妈妈的感受，愿意倾听妈妈的心声和建议。"

【朱教练思路讲解】

孩子上学之后，或许是受到其他孩子的影响，或许是心理作用，时不时地就会说出几句脏话。这是一种很正常的现象，不值得大惊小怪，只要慢慢对他们进行引导，让他们改正即可。

对于孩子的不好的行为或是语言，不要去强化，要相信善念的作用。将自己的感受和想法告诉孩子，或给予替代性的方案建议，时间长了，这种现象自然就会消失。父母不停地说教，总是说"这是不好的""这是不应该的"，反而会强化孩子"要这样做"的念头。

5.教室里的惊喜和感动

【微案例】

晚修时间，学生6点刚结束一场3个小时的考试，7点又开始上自习课。

刘文丽老师走进教室，发现学生还没有平静下来，叽叽喳喳地在聊天。可是，铃声已响起，到了需要大家保持安静的时间了，只是如果这时候大声维持秩序，学生的心情应该不太好。

于是，刘老师将手指轻轻地放在嘴边："嘘……"

看到老师的这个小动作，大家立刻反应过来，回到自己的座位，打开书……

【朱教练思路讲解】

无声胜有声，善意的提醒更能赢得合作。孩子的言行举止出现了问题，直接用语言训斥或者用行动惩罚，都会在孩子的心底留下痕迹。而用一个悄无声息的动作，让孩子们停止自己的不当言行，反而是最智慧的。

6.我就这样爱上了幼儿园

【微案例】：

（幼儿园开学第一天：第一次小别离）

我刚满3岁的欣晨小宝贝，第一次经历了"和家人的小别离"。加入那

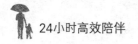

个哭声一片的氛围，她也有些紧张。

离开的时候，她也忍不住哭了。其实，妈妈的心里也是万般不舍。妈妈相信，我们很快就能适应幼儿园的快乐生活。同时，今天一放学，妈妈就会出现在你面前，我们一起加油，一起期待吧！

（开学第二天：妈妈，我今天再也不哭了！）

一早上，我喊醒熟睡中的她，带她去上厕所、刷牙。她忧伤地哭了起来，说："妈妈，我不想上幼儿园！"

我能理解她心里的焦虑，温柔地拥抱她，说："妈妈理解，你是不是不想和妈妈分开？妈妈也不想和宝贝分开。"

她说："那我不去幼儿园了，你也不上班了吧？！"

我继续抚摸着她的头："妈妈也好想不去上班，一直陪着你！（停顿了一会儿）还记得妈妈昨天是第几个去接你的吗？"

她突然很开心："第一个！"

我继续问："那今天你想妈妈第几个去接你呀？"

"第一个！"她的声音干脆又响亮。

我开始帮她挤牙膏，注意到她连着深呼吸了 3 次，是在给自己鼓足勇气吗？

"今天你想自己刷牙，还是妈妈帮你刷？你来决定！"我问。

"妈妈帮我刷！"

"好嘞！"

带她穿鞋子时，她正争取分享一点姐姐手里的毛毛虫面包。姐姐很慷慨地分了一半给她，说："拿着路上吃吧！"

坐车的路上，我们又一起回忆了昨天学校的美食、玩具、有趣的游戏。送她到教室门口的时候，她突然跟我说："妈妈，今天我再也不哭了！"这一句话，突然让我好想哭。我的宝贝，妈妈能感受到你一路的忐忑、不安、难过、不舍……但最终，你用自己的勇气战胜了这一切，那一句"再也不哭了"，是对自己的信心，也是在让妈妈安心！

谢谢你，我的宝贝！放学妈妈还是会第一时间出现在你的面前。

（开学第三天：妈妈爱你，相信你，会第一个来接你！）

欣晨仍然不停地念叨："我不想去幼儿园。"

我温柔地回答："嗯。妈妈听到了。"（不做评论，仅仅表示听到即可）

欣晨："今天还是让妈妈送我去幼儿园。"

我："好的，爸爸送还是妈妈送，都由你来决定。"

欣晨："放学后，我就能第一个见到妈妈，然后跟妈妈一起回家了。"

我："好的，没问题。妈妈也很想你，妈妈一上完课，就坐车去你的学校，然后在大门口一直等到你放学。"

欣晨："妈妈，有个同学叫我妈妈，我叫她小可爱。"

我："哦？她一定也很想她妈妈吧？"

欣晨："嗯。"

我："你把她照顾得很好，所以她就叫你妈妈，对吗？"

欣晨："嗯，我还跟她玩儿呢。"

我："哇，真了不起。晨晨不仅能照顾好自己，还能照顾其他小朋友。我们今天给自己定一个小目标吧。"

欣晨："好。"

我："多吃一口饭，多交一个新朋友。"

欣晨："好。"她拿起面包，又吃一口。

我："你的第一个小目标已经实现了！"

欣晨："对呀，哈哈……"

到了幼儿园门口，欣晨突然难过地大哭起来："我不想去幼儿园，我想回家。"

我蹲下来，拥抱她，抚摸她："来，妈妈抱抱，妈妈爱你。妈妈相信你可以在幼儿园过得很好。一放学，妈妈就来接你了。"

廖老师走过来，抱起孩子。我温柔地微笑，挥手和她告别，然后坚定地离开。虽然欣晨依然在哭，可我相信她一定能很快调整过来，相信廖老师会把她照顾好，相信她们一定会相处得不错。

（开学第四天：和妈妈分离的日子，宝宝的天都要塌了！）

很庆幸自己有时间，可以陪伴她经历这个分离的过程。昨天下午接到她，见到我的那一刻，多么地欢喜雀跃。

回家的路上，欣晨又说了好多遍"妈妈，我不想去幼儿园"。一想起来就想哭，仿佛有好多好多的委屈。送姐姐去学琴后，在等姐姐的时间，带她去吃了她钟爱的馄饨。馄饨没上来的时候，她又想起这件事，说："我不想去幼儿园了！"然后，她又哇地大哭起来！

很快，店员哥哥捧着馄饨送到她面前，她瞬间转悲为喜。然后，她还和店员哥哥说："给我个小碗！"接着，她无比享受地吃了起来。

晚上睡觉前，我们讲绘本，又一起玩了"抢宝宝"和"划船"的游戏，孩子们都开心极了！

睡觉时间到了，欣晨静静地躺在我身边抱着我，开始了自己的胡思乱想。想着想着，她又忍不住哭了起来。

"妈妈，我不想上幼儿园了！已经去过两天了，可以不用去了吧？"我只是听着，抚摸着她。

"妈妈，我就是不想和你分开，我就是想让你陪着我。吃饭的时候，我就是想坐在你的腿上。睡午觉的时候，我就是想让你陪着我！"

"妈妈，我只想让你抱，不想让老师抱！"

"妈妈，幼儿园里不好玩，我不喜欢老师和同学，我只想待在家里！"

"妈妈，你一定要早一点，第一个来接我！"

"妈妈，你不在的时候，我会哭的。哭，老师会批评的！"

"妈妈，你跟老师说两点。一个是快快放学，一个是不要抱我！"

"妈妈，我爱你！你可不可以不要走？"

……

这几句话，她反反复复说了好久，也哭了好久。

我只是静静地听着，抚摸着她，有必要回应时，就带着理解和关爱复述着她的话"你希望妈妈可以一直陪着你"。

后来，她累了，也困了，就静静地睡着了。

我反复回忆着她说的这些话，深深地感受到，这场小别离在她心里是如此大的事情。

又想起暑假在老家，那天我出去上课，她就谁也不要，只要姐姐，因为她说"姐姐是我的家人"，她想我了会难过地哭，姐姐就戳她挠她捏她……她紧紧地抱住姐姐，不停地说："姐姐，我爱你呀！姐姐，我爱你！"我妈说："欣晨很重感情，有情有义！"

看着身边熟睡的她，不免心疼起来："你小小的心里，装的都是妈妈，都是家人。你把自己小小的心儿守护得牢牢的，亲戚、老师、同学，谁也进不去！我的宝贝呀，你一天天长大了，你的世界里除了妈妈，除了家人，还要经历很多很多的美好呀！"

她突然开始说起了梦话："妈妈，我只要你！就只要你！"然后又没有声音了……

今天到了学校门口，她突然又哭了起来。

"妈妈爱你，妈妈答应你，第一个来接你放学。同时，妈妈相信，我们一定会成功过渡好这个分离，妈妈一直都在，和你一起面对，一起加油！"

（开学第五天：和善而坚定，伴她渐入佳境）

昨天放学，我如约第一个赶到。这一次，老师喊了她好几次名字都没回应。原来，她在后面和同学们开心地玩游戏呢！嗯，小家伙开始慢慢融入环境了。

见到我的那一刻，除了惊喜，还是惊喜。之前还是惊喜、忧伤、久违……各种复杂的情绪混合体。

见面牵手走出来，拥抱。她开心地跟我分享今天学的新本领：

五只小猴子荡秋千，嘲笑鳄鱼被水淹。

鳄鱼来了，鳄鱼来了，啊呜……啊呜……啊呜……

回去后，想起要上学，她还是会难过，说不想去上幼儿园了。

她问："妈妈，是不是睡完觉醒来，又要上学了？"

"嗯，妈妈会陪着你，送你去上学。跟老师说快快放学，跟老师说欣晨不用抱，可以自己走，我还会第一个去接你放学。"她已经越来越熟悉上学的流程了。

今天到了幼儿园门口也还是想要"逃走"，也还是会鼓足勇气说："妈妈，我今天再也不哭了！"

我微笑着，内心坚定地和她说再见，并一起期待下午相见的美好！

（开学第六天：幼儿园，一定要上。你可以选择在园里找乐趣！）

周末后的新一周，去上学已经顺利很多很多了！他们的哭闹终究败给了我们的和善和坚定。既然反抗没用，那就别再白费力气了，还是好好看看有啥好玩的吧！我的欣晨宝贝内心的力量越来越强了。

上周五，她告诉我："今天吃了米饭、肉，还有青菜。青菜有点苦，但我还是坚持吃了。我还让老师帮我盛了第二碗！"

"相信你可以照顾好自己！"这句话，真的能带给孩子信心和力量！

（开学第七天：成了小主人）

早上，临出发前，欣晨突然要求："妈妈送我去上学！"刚好有空，我快速收拾好，带她出门了。去学校的路上，她突然说："妈妈，我都知道我学校的路了！"

我："哦？太好了，那你给妈妈指路吧！"

欣晨："我要到学校附近了才知道。"

我："好的，那到你熟悉的地方你就告诉我！"

欣晨：“妈妈，这次我想走着去学校！”

我：“这样呀！那妈妈在前面找个地方，把小电驴停放好，你就带着妈妈走过去吧！”差不多离学校还有四五十米的样子。她开始带着我往学校的方向走去。

我：“妈妈能拉着你的手吗？”我担心路边的人来车往。

欣晨：“我带着你走，不用拉手！”她拒绝了我。

我：“好吧！”我尽量护着她。走到一处台阶那里，我问她：“怎么走？”

她左右看看，观察了一下，说：“来，妈妈，从这里走！”她找到一个更安全的地方下了台阶。“妈妈，我带着你找到了一条更好的路。”她高兴地说道。

我：“是呀！我们宝贝越来越会照顾人啦！被宝贝照顾，妈妈觉得好幸福呀！”我看向她，她一脸的骄傲！

带我走到她的学校门口，她突然大声地对着老师们喊：“老师，早上好！”哈哈，我们都被吓了一大跳。老师引导她跟妈妈再见。她转向我，小手一挥道：“妈妈，再见！”然后，头也不回地钻进了教室。我家的小宝贝就这样咻的一下长大了，高兴之余难免有点失落。

【朱教练思路讲解】

在所有的关系中，只有亲子关系是以分离为目的的相爱。孩子终将长大，慢慢地和父母分离。父母的坚定会让孩子确定，一定要上幼儿园。如此，孩子就不会将太多的精力耗费在“是否可以不上”的问题上，做无谓的斗争。和善地对待孩子，孩子就会知道：无论在家还是幼儿园，父母的爱始终都在，一点也不会变。父母无条件的爱，会让孩子知道：父母始终和我站在一起，共同面对新的挑战，他们理解我的纠结和担心，更理解我“自私”的全部的爱。而这些都会带给孩子力量、正向的影响和“我能行”的自信。

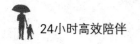

五、串门

1.你不分享，我就抢

【微案例】

下午，全全哥哥、贝壳妹妹和妈妈们都在我的工作室帮忙布置新环境。后来，两个孩子创作欲大发，找来刚腾出来的纸箱，开始创作。

贝壳找到一个较大的纸箱，将上半身都钻了进去，画了一个城堡。全全将小纸箱画满了，也觉得钻进去画画很有趣，就问："我能和你一起画吗？"

那个纸箱只能钻进一个人，而且贝壳刚在里面画了一个城堡，正是创作热情高涨的时刻，她拒绝别人的介入，坚定地回答："不行。"

全全感到很不爽，一把抢过她的纸箱，用笔在她的城堡上用力地戳了几下。

贝壳崩溃了，大哭了起来。

两个妈妈赶紧过去，抱住各自的孩子，让他们感受到妈妈的爱一直都在。

贝壳一边哭，一边看着她的城堡。

贝壳妈走到贝壳旁边蹲下来，摸了摸贝壳的背，说："城堡被扎了几下，你很心疼，很难过。"贝壳重重地点了点头。

贝壳妈抱着她，说："你很希望一个人画画，不被打扰，把你想到的画面都画下来。"

贝壳又点了点头。被理解后，贝壳的情绪也慢慢平复了下来。

贝壳妈继续说："我理解你。你想不想在纸上画画，很大的纸上？"

贝壳点点头，开心了些，说："要。"

贝壳妈拿出课堂上用过的大白纸，让她在背面空白处创作。她的创作欲又被点燃，开心地画了起来。

在妈妈的拥抱中，全全也好些了。

贝壳妈问他："你想不想也在大纸上画画？"

他说："想。"

"好的。"贝壳妈给他也发了两张纸。

两个孩子开始创作了起来，时不时地还互相交流一下，二人又和好如初了。

两个妈妈继续工作，讨论着刚才的事件，以及思考着回家后对孩子继续接下来的引导。

【朱教练思路讲解】

引导孩子理解他人，也是父母的一项重要工作。不仅要理解孩子，还要让孩子试着理解别人，不为难他人，多为他人着想。因为人与人之间，只有互相理解，才能达到最佳的相处效果。否则，这种关系早晚都会崩。

说出孩子当下的感受，孩子通常能感到被理解，心情也会跟着好起来。此时再提供解决办法，孩子就能在最短的时间里进入游戏状态。当然，父母还要从场景中捕捉一些未完成的教育机会，接受挑战，看看之后还能做些什么，帮助孩子有所收获和成长。

（和贝壳妹妹的事后沟通）

贝壳妈："宝贝，妈妈注意到，今天在朱教练工作室画画的时候，你的城堡被扎了几下，你伤心极了！"

贝壳："嗯，我不希望它被破坏，不想让它受伤！"

贝壳妈："是呀！妈妈理解你！要是妈妈刚画好的画，被捣乱，妈妈也会很难过的！"妈妈摸着贝壳的头，温柔地陪着她。

贝壳妈："同时，妈妈注意到，你不愿意分享的东西，会勇敢地拒绝。你自己的东西，你可以自己决定是否分享，没有人能强迫你。只是，简单

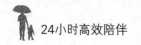

地说'不行'两个字似乎并不能很好地解决问题。".

贝壳:"是的,妈妈。那个时候我不知道该怎么办!"

贝壳妈:"嗯,妈妈理解你。你想不想听听妈妈上一次拒绝好朋友是怎么做的?"

贝壳:"想。"

贝壳妈:"妈妈先是有点烦恼和紧张,觉得创作被打扰,同时又担心被破坏。所以我就本能地把我的东西拉到身后。然后,微笑地跟他说:'我的作品快完成了,此时不希望被打扰,等我画好了,再邀请你一起进去玩,可以吗?'我会说出我的想法和建议,如果他不听,我就找家长或是老师帮忙,制止好朋友,并保护好我的作品。妈妈还想问问你,要是心爱的东西被破坏了,你很伤心的时候,还可以做些什么来照顾好自己呢?"

贝壳:"我会告诉妈妈,请妈妈来帮忙。"

贝壳妈:"嗯,还有吗?"

贝壳:"我还可以友好地跟他说,还可以赶紧把我的城堡藏在身后,还可以喊阿姨来帮忙,还可以……"她一口气说出了好多,相信下一次在她遇到问题时,又多了一些可选的解决办法。

过了一会儿,贝壳妈继续说道:"你知道吗?刚才妈妈在工作的时候,好像听到了城堡在跟我说话。"

贝壳瞪大了眼睛,很诧异地看着妈妈,说:"它说了什么?"

贝壳妈:"它让我告诉你,谢谢你创造了它,也谢谢你那么爱它,它说它也好爱你好爱你。看到你哭了,它好心疼,它很想抱抱你,可是它又抱不到你。它说,它没事,它是你用爱创造出来的,用爱创造的它非常坚固,不管什么刀枪,都不能伤害它。它说它很好,让你放心,你的爱让它好温暖!"

【朱教练思路讲解】

和孩子一起重新回顾一下那个场景,重新看待当时的行为,以及下次可以做得更好的地方。这就促进了下一次孩子解决问题的思考和能力。同时，培养孩子爱的能力，不仅仅是人与人之间的情感，还有和动物、植物、创作的作品等。

（和全全哥哥的事后沟通）

全全妈："今天看到妹妹钻进纸箱画画的时候，你觉得很好玩，也想那样钻进去画画，对吗？"

全全："是呀！而且我跟她商量了，她还是不同意。"

全全妈："是呀，妈妈看到了。商量了，还是被拒绝，你觉得很生气！"

全全："对呀！我就要破坏她的画！"

全全妈："哦，你想到了破坏她的画的办法，让自己感觉好一点！"

全全："对！"

全全妈："嗯，后来你们又成了很好的朋友。妈妈还听到你们互相夸对方画的画漂亮，欣赏对方的画呢！"

全全："对，我们又是好朋友了！"

全全妈："嗯，你更喜欢好朋友的感觉，还是闹矛盾的感觉呀？"

全全："好朋友的感觉。"

全全妈："那是什么样的感觉？"

全全："很开心！"

全全妈："哦，很开心！那闹矛盾的感觉呢？"

全全："很生气！"

全全妈："嗯，不管你是什么感受，妈妈都爱你。同时，妈妈很在乎你的感受，你喜欢的感受，妈妈也很希望你拥有它！同时，每个人也都会有生气、愤怒、烦躁的时候。这个时候，妈妈仍然希望你能够照顾好自己和他人。你觉得，生气的时候，我们可以做些什么，既让自己的感觉好一点，也不影响和伤害他人？"

全全："我不知道。"

全全妈："咱们再一起坐着时光机，穿越回今天下午你和贝壳妹妹商量

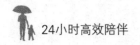

一起钻进去画画的场景。妹妹已经画好了一个城堡，她很想继续创作，这时她还没有准备好，暂时不想分享，同时，她是你很好的朋友，这时你还可以做些什么呢？"

全全："她不分享，我就抢！"

全全妈："哦，你真的很想很想得到它。妈妈理解你，等你又想到了更多的处理办法，还可以找我分享哦！妈妈爱你！"（抱抱他）

（谈话先到这里，下一次再继续）

全全妈："宝贝，妈妈遇到了一个烦恼！"

全全："什么烦恼？"

全全妈："我今天和最好的朋友一起玩！她说我的这个丝巾很好看，一定要让我送给她，不然她就说再也不和我玩了！我好伤心，因为我想和她一起玩，我又很喜欢我的丝巾，我觉得好烦恼！"

全全抱了抱妈妈，然后说："你就跟她说：'你不跟我玩就算了，我不喜欢你这样威胁我！反正我没了你这个朋友，我还能交新的朋友。好朋友不是这样的，这样的所作所为总有一天会伤到对方。"

全全妈："我就这么说吗？她会不会真的就不跟我玩了？"

全全："对。不跟你玩就算了。还好我的朋友没有问我要衣服，他们只是问我要一些手工，比如画一幅画，给他们折几个千纸鹤而已。"

全全妈："这样的还好，对吗？还能做到。"

全全："对。要是他们敢强迫我，问我要衣服，看我不揍扁他们。其实，我一年级的时候就已经很厉害了，只是不敢展现出来。"

全全妈："你有没有过特别心爱的玩具，别人想让你分享，而你很不想分享的时候呀？"

全全："有啊，我不愿意分享，他们就会揍我一顿。我就说：'好哇，反正还可以练练拳脚，然后就在他们身上打了500拳，然后他们就把我打飞了！"

全全妈："然后，他们就把你打飞了？"

全全："没有，他们没有打飞我，我都不知道怎么输，全部都是我赢了，我都没打输过……"

全全妈："嗯，看来，每个人都有自己心爱的东西，有不愿意分享的时候。那你要是很喜欢别人心爱的东西，别人不愿意分享，怎么办？"

全全："那我就说：'反正这是你的，我又不要。我只是看一看。'"

全全妈："那对方看都不让你看怎么办？"

全全："那就算了，不看了。"

全全妈："那你会不会不开心呀？"

全全："没事的，反正那是他的。我在学校从没有不开心过，只有生气过。"

全全妈："哇，妈妈发现你又想到了新的办法哦！你又进步了。"

全全："啥？"

全全妈："还记得上次和妹妹商量在她的箱子里画画的事情吗？当时你才只有一种解决办法哦，今天你又想到了新的办法。"

全全："额……"

全全妈："我们再来坐一次时光机，回到那个时刻吧！妹妹不愿意分享，你可以怎么做……"

【朱教练思路讲解】

解决问题，从错误中学习需要慢慢来，孩子无法一口吃成个大胖子，所以解决问题无须急在一时，要求必须立刻全部搞定，上面针对那一件事情的谈话，我们是找了 3~4 个时间谈完的，我们需要潜移默化地一点一点帮助孩子思考和成长。

充足的情感连接先行，是沟通和思考得以顺利展开的前提。再也没有什么比"妈妈爱我，妈妈在乎我的感受，我在妈妈心里很重要"更让人有力量的事情啦！不管遇到多糟糕的事情，多大的困难和烦恼，只要有妈妈的支持，孩子就会鼓起勇气，克服所有成长路上的阻碍！

小故事，大道理。用讲故事的方式，讲讲别人的故事，把自己的建议或引导蕴藏其中，孩子更容易接受。同时，换位思考，从孩子的解决方案里，我们也能学到很多的智慧。

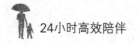

2.当护牙遇上大过年

【微案例】

快过年了，天气寒冷，我担心欣晨吃太多糖果和水果，就和她提前做了约定。

我："小宝贝，再过两天就要过年了。到时候咱们去的亲戚家都会准备很多糖果，妈妈担心糖果吃多了，牙齿容易蛀掉。我们来做个约定吧！"

欣晨："好的。"

我："妈妈在想，看到那些糖，一个都不吃，心里肯定不好受，吃多了又会影响健康。所以，我们来做个'每天只吃一颗糖'的约定，好吗？"

欣晨干脆地回答道："好的。"

第二天，我们开始执行约定。

欣晨快速地吃了第一颗糖。在她剥开第二颗糖时，我制止了，并提醒她昨天的约定。

欣晨努力想了想，最后伸着指头对我说："妈妈，两个是少的，三个才是多的。"意思是说，她还想再吃最后一个。我没答应。

欣晨继续想办法："妈妈，我只拿在手里可以吗？我拿着不吃，明天吃，可以吗？"

我试着重复她的意思："哦，你觉得这颗糖实在是太可爱了，想先保管，明天再吃，对吗？"

欣晨："嗯。"

我："好的。"

吃过晚饭，大人一起看电视时，欣晨把糖从口袋中翻出来，放在桌上，然后自己开始玩游戏，似乎已经不再想"吃糖"的事情了。

【朱教练思路讲解】

小孩的执行力比大人更强，往往更能执行约定。如果孩子一时忘记了，只要跟他们沟通，花时间训练，孩子就能做到。父母要相信孩子，理解孩子，因为爱和信任都是相互的。对于孩子来说，约定和诱惑都是挑战，父母不能权威地一刀切说"不可以"，要转换思维视角，换成"可以呀！同时为了保护牙齿健康，咱们一天只吃一颗糖，一起耐心等待吧，明天还可以吃一颗最好吃的糖呢！"如此，不仅能满足孩子的心理需求，还能培养他们耐心等待的品质，对孩子的成长意义深远。

3.参加生日会，礼物≠面子

【微案例】

欣悦："妈妈，周六我同学过生日，邀请了我，我要去参加，你送我去她家吧！"

我："哇，需要咱们准备什么礼物呢？"

欣悦："不需要了，我们说好了，我送她一些巴克球就行。"

巴克球是一种有磁力的小珠子，我觉得这个礼物太微不足道了，送同学这个礼物，我觉得没面子。我继续说："宝贝，这个礼物可以，还可以多送点吧？比如买个礼物？"

欣悦："哎呀，妈妈。我都跟她商量好了。她说不稀罕什么礼物，就要巴克球。"

我："额，这样呀。多加点手工呢？比如，给她画一幅画，捏个橡皮泥，或者……"

欣悦："妈妈，你不要强迫我，这是我自己的事。"

我："妈妈尊重你呀！不过妈妈要跟你一起去，只送这个礼物，妈妈觉得没面子。妈妈要去上班了，答应妈妈，把作业做完后再做个手工，好吗？"

欣悦："好吧，你去上班吧！"

放学后，我急忙赶回来接她。她兴高采烈地递给我一个精心准备的礼物——恐龙乐园和小马宝莉，样子看起来很美。

我："哇，这是你自己独立完成的吗？怎么做到的呀？太牛了吧？"

欣悦得意极了："对呀，我花了很多心思做的，橡皮泥用了很多，很复杂。送给你！"

我："亲爱的，咱们马上就要出发去同学家了，你的礼物都准备好了吗？"

欣悦："早就准备好了，巴克球放在我口袋，我还给她做了个神秘手工，等她许完愿我就送给她，让她打开惊喜一下。"她拿给我看，原来也是一个小包包。外包装是从作业本上撕下来的一张纸，四面粘住了，上面画了些图案，很用心，只不过价值太小。

我继续努力说教道："哇，我的宝贝，你用心地设计了一个惊喜礼物，我猜她收到礼物也会像我一样惊喜又开心。"

欣悦："当然了，我送她的礼物已经超标了。她一定很感动！"

我："嗯嗯，妈妈也相信是这样。只不过，妈妈也要去参加，她们家人会准备很多的美食和蛋糕，我们是不是可以再多送点礼物呀？"

欣悦："哎呀，不用了，这就可以了。我们小孩子的事情就让我们自己做决定吧！"

我："嗯，妈妈知道。可是，妈妈还是觉得没面子呀。"

欣悦："面子，面子，你们大人就知道面子。那是你们大人的事，我可不管。"

我："要不？把送给妈妈的'恐龙乐园'，送给她？或者'小马宝莉'？"

欣悦："不……可……以！我送给你的礼物还没超过三天，你不能送给其他人。"

我："这个，嗯，哎……"

欣悦："妈妈，我们走吧，要迟到了。"

我："好吧。去的路上，再找找，看看有什么有趣的东西。"

快到的时候，我们在路边发现了好吃的，她挑选了9个不同颜色的甜甜圈以及一大袋鱿鱼丝。

欣悦："好了，就买这些吧。她们肯定超爱吃。"

我："好的，看上去就很好吃。"

【朱教练思路讲解】

跟孩子一起去参加同学生日会，很多家长都感到头疼：用不用买礼物，买什么礼物，听孩子的还是听自己的？不带礼物就去参加生日会，会不会很丢脸？其实，孩子交朋友，送不送礼物，送什么礼物，都是孩子自己的事情。父母可以引导，但最终的决定权还是在孩子手里。父母自己觉得没面子，那是父母自己的事，不要把自己的价值观强加给孩子，要尊重孩子，尊重客观环境。

4.好朋友来家里玩，如何当好小主人

【微案例】

我："宝贝，今天好朋友多多要来咱家玩。你看看哪些玩具是你愿意分享的，就可以放在客厅，不愿意分享的就先藏进你的宝箱吧！"

孩子："好的，妈妈，我这就去分类。"

我："我们一起来想一想，今天如何当好小主人吧！"

孩子："我会请多多一起玩我的玩具。"

我："嗯，分享玩具。还有吗？"

孩子："我会给他们开门。"

我："嗯，开门，还有吗？"

孩子："提醒他们换鞋。"

我："嗯，提醒换鞋。还有吗？"

孩子："我还会请他们吃水果、零食、喝水。"

我："嗯，请他们吃吃喝喝。还有吗？"

孩子："没有了。"

我："嗯，看看，你自己一共想到了4件自己可以做的事情，确实是个不错的小主人。不过，妈妈还想到一些问题。"

孩子："什么问题呀？"

我："大人在客厅聊天、看电视时，你打算带多多去哪里玩，能玩得既开心，又不会打扰大人吧？"

孩子："哦，对了，我可以带她去我的房间玩。"

我："好的。如果你们需要帮助，大人正好在聊天，你会用什么方式既

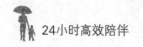

能让我们明白，又不会打断正在进行的谈话呢？"

孩子："对了，可以使用上次和你约定的手势。我做一个'暂停'的动作，然后你们在1分钟内停下来。"

我："好的。可是，客人不知道这个约定，怎么办？"

孩子："等他们来了之后，我们就告诉他们。"

我："好的。这样大家就都能理解并合作了。再想想看，还可能会发生什么事情？"

孩子："如果我和多多打架了呢？"

我："对哦，有可能会意见不合。到那时，你希望我们怎么做，既让你们彼此感觉不错，又不会互相伤害呢？"

孩子："我可以尽量不和他生气。如果我们吵架了，就让各自的妈妈把我俩分到两个房间，冷静下来，之后就出来亲亲妈妈，然后再一起玩儿。"

我："哇，这个办法真是太有趣了。等大家来了，我们一起告诉他们。还有其他问题吗？"

孩子："没有了。"

我："好的，如果出现了预料之外的突发问题，你可以来找我，咱们再一起想办法解决。"

孩子："嗯。我现在要去整理房间了。"

……

【朱教练思路讲解】

孩子是家庭的一分子，要让孩子具有家庭责任感。当家里来了客人之后，让孩子主动招待客人，就是他们主人翁意识体现的机会。必要的时候，还可以通过沟通预演，减少孩子们在一起玩时出现问题的可能。这也是提前告知、提前计划的好处。邀请孩子一起积极思考解决问题的办法，孩子就能提前准备好做一个更棒的小主人，并感受到自己的价值和力量。每次成功体验的经验，对孩子都意义非凡。

六、户外

1.出门前的哼哼唧唧

【微案例】

早上起来，大宝因为穿衣服的事情，心情不好，一直在生闷气。

妈妈谭桐青一边给二宝喂米糊，一边引导说："今天是 2020 年的第一天，我们要开心快乐，要把微笑带给每一个人，请尽快调整好自己的心情哦。"结果，谭妈妈的话毫无作用，大宝继续哼唧。

谭妈妈耐心地引导了很长时间，让孩子自己找衣服穿，但孩子依然改变不了自己的态度。

谭妈妈怒火中烧，很想把她暴打一顿，更想将她丢到外面去。

谭妈妈转过身，去阳台，做了个深呼吸，告诉自己需要冷静。

然后，谭妈妈走过去抱了抱孩子说："亲爱的宝贝，如果你心情不好，可以哭一会儿，妈妈爱你。妈妈就在这里，如果你需要妈妈的帮助，过来告诉我。等你感觉好一些了，准备好了，咱们就一起下楼玩。"说完，她继续做自己的事情，不再说话。

大宝开始哭，哭了不到一分钟就停了下来。然后，跑进房间，换好衣服，走过来，跟谭妈妈说："妈妈，我好多了，我们下楼玩吧！"

谭妈妈抱了抱她，说："好，妈妈永远爱你。"

结果，整个上午，大宝的心情都不错。

【朱教练思路讲解】

孩子不愿意去户外，父母要接纳他们的情绪，同时如果发现自己的情绪也要爆发时，就要及时暂停，调整好后再积极面对孩子。打骂孩子，不仅不利于事情的解决，还无法让孩子感受到爱。生气、指责、愤怒、说教、

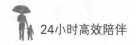

打骂，只会让孩子的情绪雪上加霜。孩子行为不端时，唯有爱的接纳和鼓励，才能为他提供帮助，促使他停下来。千万不要看到孩子一有点动静就跑过去解决，要等孩子来找你帮忙；不要过多地干预孩子的成长，要让孩子主动思考：哪些事情是我可以自己做的，哪些是需要家长帮忙的？如果我遇到困难，要如何求助家长？

2.好难骑的车

【微案例】

晚上在小区里骑自行车，萱宝骑得很费力，外婆跟在边上给她助力，时不时地推一把、拉一下。可是，萱宝一直很生气，只要骑不动，就大声抱怨。

为了安慰她，外婆一直说："宝宝累了""刚上完舞蹈课没有力气了""还没吃晚饭"……结果，外婆越说，萱宝越恼火。

妈妈李雪和二宝骑着小电驴陪在她身后。

突然，老大萱宝从车上摔了下来，情绪失控，她开始大哭。

李妈妈赶紧下了车，抱抱她，说："刚才你骑自行车一直不顺，状态不如意，还摔了一跤，一定很疼吧！如果换成是妈妈，也会有点不好意思，又有点不甘心。"

一听到妈妈这么说，萱宝就平静了下来。

李妈妈让外婆去散步，然后问萱宝是继续骑，还是回家。

萱宝说，还要再骑两圈。然后，她们给自行车和小电驴取了个名字，分别叫"小彩虹"和"亮亮"。

每次萱宝骑不动的时候，李妈妈和二宝就说："'小彩虹'加油，前面有你爱吃的胡萝卜哦！"

结果，整个过程萱宝都很开心。

回到家，李妈妈检查了萱宝的车子，结果发现两个轮胎都没气了，心里默默地敬她是条"汉子"。

【朱教练思路讲解】

跟帮孩子解决问题比起来，孩子更需要的是被理解。获得良好的感觉，孩子就能将事情做得更好。孩子得到父母的理解、陪伴、鼓励和支持，即使遇到再大的困难，都可以愉快地克服。每次经历都有助于孩子建立更缜密的思维，积累更多的问题解决方案。相信下一次，孩子出门前也会先检查车子的状况，继而养成一个好习惯。

3.把弟弟摔伤了

【微案例】

上午带两个宝贝在花园里玩，玩到尽兴时，大宝推着小宝快速转圈。

妈妈谭桐青提醒大宝推车推那么快很危险，结果话音未落，小宝和车就翻倒在地。

小宝哇哇大哭，妈妈立刻抱起小宝安抚，查看伤势，发现小宝额头有擦伤。

谭妈妈一边安抚小宝，一边唠叨着："你看看，你看看。"

大宝低着头不说话，看起来有些紧张害怕。

谭妈妈的注意力都在小宝身上，没有感受到大宝的情绪。大宝转身跑开，找个地方躲起来哭。

大宝的行为让谭妈妈意识到，她没有顾及大宝的感受，为刚才的口不择言自责万分。

两分钟后，小宝不哭了。谭妈妈找到大宝，拉着她的手坐下。

谭妈妈："宝贝，到妈妈这来。"孩子慢慢走过来。

谭妈妈："宝贝，你为什么跑去躲起来？"

大宝："我躲起来哭。"

谭妈妈点了点头："你是因为怕妈妈骂你，对吗？同时，你是不是觉得让弟弟受伤了，有点担心害怕？"

大宝："嗯。"

谭妈妈："来，让妈妈抱抱。妈妈爱你，妈妈知道你不是故意的，弟弟

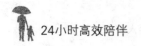

受伤了，你也很心疼、很害怕、很自责。"

大宝的情绪慢慢平复了下来。

谭妈妈："每个人都会犯错，妈妈也一样。接下来，我们来总结一下，刚才的意外是怎么发生的？看看我们能否从中学到更多的经验。"

大宝："是我转得太快了。"

谭妈妈："嗯，你想逗弟弟开心，结果转得越来越快，自己把握不住平衡了。"

大宝："是的，妈妈。"

谭妈妈："那下次咱们可以怎么做，既可以让你们玩得开心，又避免受伤呢？"

大宝："妈妈，我下次慢一点。"

谭妈妈："嗯，宝贝，错误是学习的好机会，相信通过今天的事情，你更了解了推车安全使用的办法，也更会照顾自己和弟弟了。只要诚实勇敢地面对错误，积极反思总结，尽量避免下次犯同样的错误，就会越做越好。妈妈爱你。"

大宝："妈妈，我爱你，也爱弟弟。我下次会保护好弟弟。"说完，她使劲抱着弟弟亲，并给弟弟吹一吹……

【朱教练思路讲解】

在成长的过程中，孩子们每时每刻都在探寻问题，比如：我安全吗？我好吗？我重要吗？我被爱吗？我有价值吗？孩子不小心犯错，比如，把弟弟弄伤了，把名贵的花瓶打碎了……父母一味地愤怒、指责、抱怨，只会让孩子感受到：我是不好的，我是不重要的，弟弟比我重要，花瓶比我重要，我不重要，妈妈更爱他们不爱我……时间一长，就会影响孩子心灵的健康成长。而不能感知孩子的情绪，也不进行批评教育指责，则孩子不仅无法从错误中总结经验，反而还会出现逃避、说谎及叛逆等现象。所以，正确的做法是父母要试着理解孩子，与他们并肩前行，让他们学会对自己的错误释然，学会宽容待人。

4.退出和孩子的"买买买"之争

【微案例】

昨天，我们一家四口去动物园游玩。刚进动物园，没走多远，两个孩子就吵着要买零食。

我想，动物园这么多商店，如果孩子在每家店门口都纠缠，就非常尴尬了，于是决定"授权"给她们。

我跟老公商量了一下，决定每人给她们5元钱，让她们自己决定买什么。

姐妹俩拿到零花钱，异常高兴，不再纠缠买什么东西。为了将钱保管好，她们决定先将钱放在爸爸的口袋里。

我们慢慢走着，一边走，一边看，很快就到了一家商店门口，欣悦想吃冰激凌，欣晨想吃爆米花。两人商量着，最后发现，欣悦最近流鼻血，不能吃上火的东西，吃不了爆米花；欣晨最近牙疼，吃不了甜的东西，吃不了冰激凌。怎么办？欣晨在商店门口杵着，坚持要买爆米花，我们示意欣悦去处理这件事。

欣悦跑过去，温柔地搂着妹妹说："咱俩的钱放在一起，要商量着花，要同时满足咱俩的需求才行。而且，我们的钱根本就不够买爆米花，咱们去看看其他的吧！"就这样，欣晨被姐姐哄着继续出发了，我们决定一起去看大象。

一路上，我们走走逛逛，依然没找到合适的商品，钱自然也就没有花掉。

我们来到天鹅湖，看到很多人在那里买鱼食喂鱼，她俩商量了一番，决定用这10元钱合买一小份鱼食。

我摸了摸欣悦的头，说："这10元钱本来是让你们用来买零食的，你和妹妹最终商量买了鱼食，把你们的爱心献给了人类的好朋友——观赏鱼。它们一定很开心，也会感激你们，谢谢你们无私的爱。看到你们做了如此善良且有意义的决定，妈妈也想谢谢你们。"

姐妹俩开心地喂着小鱼，还不时地传来欢快的笑声。喂完鱼食，欣悦发现地上还有很多零散的鱼食，于是她决定去创造财富——捡鱼食。欣晨也学着姐姐的样儿"自己动手，丰衣足食"，在地上捡起了鱼食。

一段时间后，欣悦带着战利品过来，递给我看："妈妈，我捡了大概10块钱的鱼食了。"

我夸赞道："哇，真了不起。你通过自己的劳动，创造了10块钱的价值，去给小鱼喂食吧。"

看到孩子们通过自己的努力，享受到了劳动果实，我也感受到了她们内心满满的富足。

【朱教练思路讲解】

外出游玩，总会伴随着买买买。看着琳琅满目的商品，孩子们总会使出浑身解数让家长掏钱。可是，动物园和公园的东西，价格通常都要比市场高出很多，可即便如此，也能吸引小朋友迈不开腿。遇到这种情况，完全可以试试案例中提到的方法，提前和孩子做好约定，把今天的零花钱直接发给他们，想买什么，让他们自己决定，直到花完即止。如此，不仅能有效避免权力之争，还可以让孩子在比较中选出自己真正需要的东西，从而让孩子更懂珍惜，更能体谅家长，学会过日子。

5.让书本和自然来场约会

【微案例】

一天，我带着2岁的欣晨在公园散步。

我："宝贝，你看那是什么？"

欣晨："蝴蝶。"

我："是呀，观察一下，看看它们是怎么飞的？"

欣晨："像这样。"她张开双臂，忽闪两下。

我："是的。还记得早教课堂上，老师带大家一起玩的'变成蝴蝶采花蜜'游戏吗？"

欣晨："嗯，记得！"

我："好的。那现在咱们也变成小蝴蝶，翩翩飞舞，寻找花朵吧。"

欣晨："好呀。"

我们开始变成蝴蝶，飞来飞去，开始找花朵。

我："哇，蝴蝶宝贝，快来看我找到什么颜色的花了？"

欣晨："黄色的。"

我："是的，我们来采花蜜吧。然后，我们再去找找其他颜色的花。"

欣晨："妈妈，我找到了红色的花、粉色的花、蓝色的花和紫色的花……"

我："哇，那你吃饱了吗？我的蝴蝶宝贝。"

欣晨："吃饱了，蝴蝶妈妈。"

我："我们去找找其他小动物。快看，这里是什么？"

欣晨："蚂蚁。"

我："它们在干什么呀？"

欣晨："搬食物。"

我："是呀，很多蚂蚁都在搬食物。还记得咱们读过的那个《蚂蚁搬西瓜》的绘本故事吗？一只蚂蚁搬不动，叫来朋友一起搬。全部搬完，吃饱后，一起来玩滑滑梯……"

欣晨："记得，记得。"她兴奋地跳起来。

我："我们的世界里也有蚂蚁军团。哈哈，让我们一起来观察观察它们吧。"

欣晨："嗯。"

……

【朱教练思路讲解】

很多人说："读万卷书，不如行万里路。"于是，在孩子很小的时候就开始带着他们满世界旅游，而忽视了孩子日常阅读习惯的培养，发展到后来，孩子却出现了很多问题。其实，读书和旅行，各有各的好处，根本就没有轻重之分。将二者结合起来，让孩子认真感受，才能更加相得益彰。

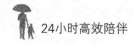

6.公园里面乐趣多

【微案例】

宝贝："妈妈，我要去溜滑梯。"

公园的儿童游乐区安装着各种滑梯，给孩子带来了各种美妙的体验。每次去公园，孩子们都要在滑滑梯这里待上一段时间，上蹿下跳，感受你追我赶的快乐。

宝贝："妈妈，我要去玩沙子。"

每次出门前，孩子都会带上小桶和铲子，在玩沙区挖掘建造。他们会脱掉鞋子，接上自来水，修建起水渠或小池塘。这片沙子区，满足了生活在城市里的孩子的各种建筑体验，也为触觉敏感的孩子提供了天然的脱敏环境。

妈妈："孩子们，今天我们一起去踢球吧。"

沐浴着阳光，孩子们在足球场上快乐地奔跑，时不时假装摔倒，在草地上打几个滚，小草的清香扑面而来，感觉着实不错。

宝贝："妈妈，带面包了吗？我想去喂小鱼、喂乌龟。"

孩子们把食物一点点丢进水里，看着观赏鱼、小乌龟等热情地争抢食物，在来回的互动中，如同跟小动物对话。

妈妈："我们沿着这条路，一起来跑步吧！"

妈妈："我们从这里爬上公园的这座山，站在公园的最高处，俯瞰公园的全貌吧！"

妈妈："我们带着美食和野餐垫，去公园野炊吧！"

妈妈："……"

宝贝："公园里有很多好玩的，我太喜欢去公园玩了。"

【朱教练思路讲解】

到公园里玩乐趣多，孩子在公园里处处都能找到成长和收获。要想培养亲子感情、培养孩子的社交能力、培养孩子与自然的连接能力，就带孩子一起去公园玩耍，丰富孩子的运动体验和感受力。公园是一个极好的育儿场所，只要有时间，就多带孩子一起去公园玩吧！

现在的孩子之所以容易生病，就是因为他们离大自然太远，整天宅在家，面对钢筋水泥的丛林，感受力得不到充分刺激。为了孩子能够健康成长，家长们要多带孩子去大自然中"撒野"。

7.当计划被打乱……

【微案例】

今天，我们一家决定去动物园玩。从动物园检票口进来，我们拿着游玩地图，一边走，一边研究："嗯，我们从这边走，走到这里时，差不多10点钟，就能去看老虎表演了。之后，再顺着这个方向继续走，走到11点，差不多又能看马戏表演了。速度快一点，走完这段路，还能赶在12点前欣赏大象才艺展，然后是鸟类表演、百兽盛会、欢乐的海洋……"我们津津有味地计划着，按着计划这样逛一天，一定很充实。

一路走去，孩子们的脸上一直都洋溢着微笑。

欣悦："妈妈，我要买零食，给我钱买零食。"

欣晨："妈妈，我好累呀，抱抱我，抱抱我。"

老公："我来给你们拍张照吧！"

我："哇，这些小鸟好可爱呀！我来录个视频。"

……

我们一路走去，眼看老虎表演就要开始了，我立刻催大家快点前进。结果，欣晨突然摔了一跤，欣悦则围着商店不舍得离开。想到制定的时间规划表，我感到很着急："哎呀，我说你们是怎么回事，快点向前冲，老虎表演马上就要开始了。"我心急火燎，他们却不紧不慢。

眼看时间赶不上了，我突然意识到自己的不良情绪正在往家人身上蔓延，于是问他们："我们今天为什么要来动物园？"

欣悦："我想看长颈鹿，给长颈鹿喂食。"

欣晨："我想看大象和海豚。"

老公："周末难得都有空，我打算带着孩子们来实现小梦想。"

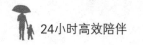

我猛然惊醒，在我们的计划里根本就没有看动物表演，我们是来收获快乐的。为了赶时间看表演，让所有人都不开心，太不值得了。于是，我们且走且逛，跟着孩子的节奏，开始享受起自己的行程。

【朱教练思路讲解】

计划永远赶不上变化。在成人的世界里，时时处处被计划，而孩子的世界就是活在当下。外出游玩，父母通常会做些计划，孩子们却可能不太在意这份计划，不会跟着我们的期望走。计划被打乱，我们可能会着急、愤怒、烦躁，这时一定要问问自己：我们出来玩的初心是什么？如果是玩得开心，就可以放下"执行计划"的执着，按照孩子想要的方式享受当下。

8.她插队还理直气壮

【微案例】

在人才公园里有两个秋千，吸引了周边的很多小朋友，也包括我家的两个宝贝。

每天到这里玩耍的孩子很多，尤其是到了周末，孩子们还得排队。

看着长长的队伍，我有些却步，欣悦却坚持要排队等候。商量之后，我们决定让她来排队，我和欣晨在旁边等着。

眼看快轮到欣悦了，我走过去。

欣悦嘟囔着："妈妈，前面的阿姨插队。"我没听清，只是摸了摸她的头。

欣悦又说了一遍："妈妈，前面的阿姨插队。"

我说："你一定很生气吧？"

欣悦生气地说："对，那个阿姨居然插队。我都排了这么久。"。

前面那个女人听到了欣悦的话，回过头来对着欣悦说："哎，你不要这样说我好吗？我是让朋友帮我排的队，快轮到我了，我就进来了，好吗？"她说得理直气壮，声音和表情甚至还有点恐吓孩子的意思。

我直言不讳道："请不要用这种态度跟我的孩子说话。不管你用哪种方式排队，她确实是亲眼看到你中途直接插进来了，这是事实。对于究竟是不是朋友帮你排队的，姑且不论，这么复杂的排队方式，让一个年龄只有5岁的孩子如何理解？在她们的世界里，插队就是犯规。"那个人不再说话。

事后，我问欣悦："遇到刚才的情景，如果你是妈妈，宝宝跟你说有人插队，你会怎么说？"

她干脆地回答道："她们插队是她们的事情，我们做好自己就行了。"

听完欣悦的回答，我有些感动。做好自己就行！情绪界限清晰，不被外界干扰，决定自己做对的事情。5岁的她就已经有了这样的价值观，真了不起！

【朱教练思路讲解】

孩子遭受他人的欺负，家长要不卑不亢，不惹事不怕事，给孩子力量。要想让孩子勇敢表达，父母就要重视自己的言传身教。当孩子内心有力量、被支持，就能发展出更积极、阳光的价值观。这些从小养成的处世态度，会影响孩子的一生。

9. 愤怒得必须要打架了

【微案例】

下午在公园野餐过后，我有些困了，就在太阳底下睡了一觉。老公带欣晨去上早教课。欣悦则跟奶奶和朋友以及她们的孩子一起玩。结果，一觉醒来，我就听说3个孩子打架了，奶奶带着欣悦去别的地方玩了。

回家的路上，我跟欣悦聊起了打架的事。

我："悦悦，听说今天在妈妈午睡的时候，你受委屈了。"我试着回到当时的场景去感受她的感受。

欣悦："我没有受委屈，是他们受委屈了，我打了他们。"

我："哦，我猜你当时一定非常生气。"

欣悦："对，我很生气。他们好吵，影响我听米小圈了。我让他们别吵了，他们不听，还骂我，我就要给他们点颜色看看。"

我："嗯，他们这样说话，激怒了你，你觉得不被尊重。"

欣悦："是的。"

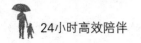

我："后来，你们打架了，还有人受伤了？"

欣悦："是的，我要让他们知道我的厉害。"

我："嗯，我还听说，你当时生气得都要爆炸了。妈妈很担心你的身体，如果真的爆炸了，妈妈该怎么办呀？"

欣悦："我已经气炸了。大人们都批评我，奶奶也说我，所有人都盯着我批评。"

我："当时你一定觉得很孤单，没人理解你、帮助你、支持你。"

欣悦："对，我就打他们，大人越说我，我越打他们。"

我："我能理解你的心情。当时你怎么不叫醒妈妈，妈妈一定会帮助你的。"

欣悦："你如果醒了，肯定也会批评我，他们都是你的会员，他们会为难你，会跟你退费，我又不傻。"

听到这里，我突然觉得很心酸。这种不信任、被忽视的感受，在前些年已经出现过很多次。我的工作、我的面子、我的会员都比孩子更重要。做我的孩子，真的很委屈。

我："即使已经生气到爆炸了，你仍然不忍心叫醒妈妈，怕妈妈在会员和你之间为难，怕他们为难妈妈。谢谢你这么善良，这么爱我。"我又抱了抱她。

我继续说："妈妈想跟你说，以前我不懂如何做个好妈妈，做了很多不恰当的事，让你受委屈了。现在我在努力改变，我最在乎你的感受，你在妈妈心里是最重要的。妈妈永远爱你。"听着听着，她的情绪也平复了不少。

回到家，我又抱了抱欣悦。我看着她的眼睛，告诉她："你是妈妈心里最爱、最在乎的人，妈妈很在乎你的感受，很关心你的身体。妈妈希望你能开开心心、健健康康地长大。我们一起来想一想，生气的时候，为了照顾好自己，可以做些什么？"

欣悦想了想说："生气的时候，必须将火发出来。"

我："我能理解你，妈妈很生气的时候，也很难不发火。所以，咱们要在平静的时候、可以思考的时候，好好想一想还可以做些什么，让自己和他人都感觉更好一点。咱们以后可以互相提醒一下。"

欣悦："可是，妈妈，在那个时候，我真的想不到更好的解决办法。"

我："嗯，如果觉得身边的环境很吵，离开那个环境，会怎样？"

欣悦："可是，我就是不想离开，只想待在那里呀。"

我："嗯，那试着用商量的语气说：'你们的声音可以小一点吗？我听不清米小圈了'这样说，对方的感觉会有什么变化？"

欣悦："可是，他们太皮了，根本不听我说。"

我："是哦。抱抱。那你觉得不伤害自己，不伤害他人，还可以怎么做呢？"

欣悦："报警！找警察来。"

我："哦，可以让警察来调解，在学校也可以找老师，妈妈在的时候也可以找妈妈。自己解决不了的问题，就请可以帮助自己的人来帮忙处理。"

欣悦："可是，那个时候没有警察呀！"

我："嗯，还有妈妈。请你相信妈妈，以后需要帮忙的时候，妈妈一定是值得你信赖的。"然后，我又摸摸她的头，说："你看，除了吵架打架，还可以离开，礼貌地沟通，或者找人帮忙解决。办法总比困难多。然后，咱们互相提醒，使用能够让自己和他人感到更好的方式处理问题，妈妈也需要你的提醒。"

欣悦："好吧。我会试试的。"

【朱教练思路讲解】

冲动是魔鬼，孩子陷入情绪的洪流之中时，不管我们说什么，他们一般都听不到，同时他们还会通过你的肢体以及表情判断出：你在指责他，即使你认为自己在说爱。如此，只会让他们更加怒火中烧，就像即将爆发的小火山。其实，孩子情绪激动时，及时拉开他，也是一个止损的好办法。这时，如果家长急着说教、讲道理、强行压制，只会让孩子的情绪更加暴

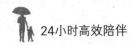

躁。正确的做法是：先什么都不说，温柔地抱着他、抚摸他，让他感受到你的爱、关心和支持。待他情绪平复一些后，再共情地说出孩子的感受，询问他的想法，并和他一起想出后续的解决办法。

10.超出约定的欲望：我也想养鸟

【微案例】

在公园偶遇了一只特别乖萌的蓝鸟后，姐妹俩开始了新一轮的养宠愿望进攻："妈妈，我也想养鸟。"

我说："当然，可以！等你8岁生日的时候，咱们就买一只吧。"

欣悦很开心，不过很快就意识到了一个问题："可是，8岁生日还要好久啊，你不能现在就给我买一只吗？"

我摸摸她的头："你确实能在最短的时间里得到，想想看，可以怎么实现？"

欣悦回答："自己挣钱。"

我："是的。如果你愿意，今天就可以去看看你喜欢的鸟大概需要多少钱。"她表示同意。

下午，老公带欣晨去上课，我就带老大去了花鸟市场。她在众多萌宠之间上蹿下跳，最终相中了一只小绿鸟，也选好了鸟笼，再加上鸟粮，大概需要120元。

不过，当她看到很多小客户都是大人付钱直接购买时，就觉得很不舒服，便抱怨道："妈妈，为什么他们可以直接让大人买，而我还要自己挣钱买呢？你现在就给我买，我想要。"

我理解地看着她，说："你有些等不及了，妈妈理解。还记得咱们的约定吗？爸爸妈妈虽然有足够的钱，但我们的义务是保证你和妹妹基本的生活需求。每个月1号的玩具日，爸爸妈妈可以帮你买；每周给你2块钱的零花钱，你可以存储，用来实现大大小小的愿望。更多的愿望，也可以得到，但要通过努力去挣钱圆梦。哎呀，如果我小时候有这样的待遇，那就太好了。"

确定好目标，接下来就是赚钱行动。我们一起去市场进了一些货，买回来一堆满意的战利品。我们心情美美的，用刚从花鸟市场带回来的花，装饰了屋子，美极了。

【朱教练思路讲解】

为了满足孩子的花钱需求，可以将每个月 1 号约定为玩具日，购买的价格控制在 30 元以内。同时，不要对孩子说：你买不起、你没有机会买、太贵了、不实用、不好、不值得……孩子选择买什么，是他自己的事，我们可以建议，不能打击，要让孩子保有希望，树立正确的价值观，即"我可以想办法拥有，只要付出努力即可"。

11.该回家了

【微案例】

我："亲爱的宝贝，眼看就要到中午了，咱们要回家了。你准备一下，再过 5 分钟我们就往回走。"

欣晨："可是，妈妈我还想玩。"

我温柔地摸了摸他的头："妈妈理解，今天在这里玩得实在是太开心了。下次我们有空再来玩吧。你现在还有 5 分钟的时间，尽情地玩吧！"

欣晨有些不情愿地接受道："好吧。"

5 分钟到。

我："宝贝，回家的时间到了，我们出发吧！"

欣晨："不要，我还想玩，再玩最后 5 分钟好不好？"

我："5 分钟的时间已经用光了，下次我们还来这里玩！来，妈妈抱抱！"

【朱教练思路讲解】

态度和善，孩子才能亲近你，才能接受你，太过严肃或满脸凶恶，如何能赢得孩子的亲近？案例中，孩子之所以能顺利离开，主要在于：第一，大人态度和善，孩子愿意接受；第二，提前告知，孩子有了心理和行动准备；第三，坚定执行，约定的时间到了，孩子不愿意离开，但"我"抱了

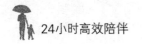

她，当然也可以拉着她离开或家长自己先行离开。

七、家务

1.妈妈的时间都去哪儿了

【微案例】

欣悦："妈妈，你看，我画的小马宝莉。"

我："嗯，真棒。妈妈正在忙，你先自己玩会儿吧。"

欣悦："妈妈，你一天到晚只知道忙忙忙。你不管我了吗？"

我："管啊，你不是在这儿吗？"

欣悦："我需要你陪我玩。"说完，欣悦气呼呼地进了房间。

我突然意识到，是啊，一天 24 小时，我都在忙工作，似乎永远都有做不完的事情。想想这些年，我好像也没忙出个啥，欣悦转眼都已经 7 岁了，而我和她相关的记忆，简直屈指可数。

我停下工作，敲门去找她，紧紧抱着她的时候，她居然伤心地哭了。我想，这些年她一定积累了满肚子的委屈。

我："宝贝，对不起，这些年妈妈一心忙着工作，忽视了你。谢谢你，把心里话告诉妈妈，妈妈突然醒悟了。其实，跟工作相比，你对妈妈来说才是最最重要的，妈妈爱你。妈妈错了，妈妈改。"

欣悦："妈妈，你决定陪我玩了吗？你不做工作了吗？完不成工作，领导批评，怎么办？"她抽泣着，心里却为我担心。

我："妈妈的工作永远做不完，但妈妈的女儿也在一天天长大呀。我觉得，一定是我的时间管理出了问题，我会想办法解决的。来，告诉妈妈，你希望妈妈如何陪伴你呢？"

欣悦："妈妈每天下班回来，抽点时间陪陪我。周末拿出一天的时间全家一起出去玩。"

我："嗯，那妈妈就每天至少陪你玩30分钟，就在每天晚上9：00-9：30。这时候，你的作业差不多也写完了，就剩洗澡和睡觉了。妈妈将这段时间专门留给你，你想干啥就干啥，都由你安排。周六日妈妈会抽出一天时间，让咱们一家人一起度过。"

欣悦："嗯，我要写下来。"

我："行，写下来随时提醒妈妈。妈妈需要你的提醒和帮助。"

欣悦："好的。"

【朱教练思路讲解】

在我们的生活中，充斥着没完没了的忙碌和各种各样的待办事项：永远也做不完的工作、怎么也看不完的书、孩子哭闹发脾气需要安抚陪伴、家里乱七八糟需要打扫和整理、脏衣服堆成小山需要清洗、地板脏了需要清洁、要加班了、要辅导孩子作业了……这些事情占满了我们的时间，孩子的游戏、陪伴需求，迟迟满足不了。就这样，日复一日，月复一月，我们无法跟孩子进行情感联系，陷入一个看似无法打破的循环。父母要像案例中的"我"一样，及时察觉和反思：工作永远做不完，孩子转眼就长大，要跟孩子约定专属的特殊时光。

2.小宠物住进我的家

【微案例】

这一天，吴丹阿姨送给孩子们一个特别的礼物——"仓鼠一家"，以及相应的房子、食物等。欣悦认真请教和倾听了阿姨关于"如何养护小仓鼠"的知识。早上醒来的第一件事，孩子们就去看仓鼠宝宝，跟它们聊天，问它们冷不冷、饿不饿……相信，在她们悉心的照料下，小仓鼠们一定会健康快乐地成长，并生下许多小宝宝。

中午时分，太阳不大，比较温暖。我提议："孩子们，咱们把仓鼠带上楼，帮它们清洗一下家吧。"大家兴高采烈地拿着工具上楼。我们约定，以后每周爸爸妈妈帮忙打扫一次小仓鼠的家，平常的卫生、饮食都由孩子们负责。

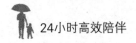

晚上睡觉时，欣晨从床上滚下去，说："先等一下哦。"然后，跑到仓鼠那里，温柔地对着它们说："小仓鼠们，我要去睡觉了，你们也赶紧睡觉吧，晚安。"

欣悦一大早起来，洗漱完毕，就蹲在仓鼠旁边，唠叨个没完："小仓鼠们，早上好。"并给它们的盆里加上食物。看到仓鼠们立刻上去吃起来，她脸上露出了笑容。然后，又开始了唠叨："小家伙，你刷牙了吗？不刷牙就吃东西，这样可不行哦！"

我好奇地问："哦？它的牙刷在哪里？"

欣悦："我还没给它们做呢。哈哈哈……"

欣悦一边敲着厕所，一边对仓鼠说："仓鼠妈妈，上厕所要来这里哦！"

欣悦："哎呀，你对着我发抖干吗。发抖就快点去厕所呀！"

欣悦对着仓鼠聊了十几分钟。多了个伴儿，她似乎感觉还不错。

【朱教练思路讲解】

很多孩子都有养宠物的愿望，多数家长也会给孩子买宠物，比如：仓鼠、小鸟、鱼儿、花猫、小狗……这种做法值得提倡。在陪伴小宠物成长的过程中，孩子们不仅能学会照顾人，还能具备一定的同理心和责任心。

3.家务+育儿，平衡有妙招

【微案例】

下面是一组我和 3 岁女儿欣晨的对话：

欣晨："妈妈，你最爱谁？"

我："我自己。"

欣晨："对，你自己最爱谁？"

我："我最爱我自己呀。"

听完，她的眼里闪出一丝落寞，低下头，不再说话。

我："宝贝，你最爱谁？"

欣晨："我最爱你呀。"

我："妈妈希望你最爱的是你自己。"

欣晨："我不要，我就是最爱妈妈。"

我被深深地触动，孩子对我的爱是那么义无反顾。

我："宝贝，谢谢你，心里装的都是妈妈。妈妈也爱你，最爱最爱你。"

她的小脸上又恢复了灿烂，眼睛笑起来弯弯的，非常好看。

【朱教练思路讲解】

孩子们都希望父母能全天24小时陪在身边，心里眼里都只有他。可是，作为一个有梦想和追求的人，任何人都不可能一天24小时一直都陪着孩子，不过，办法总比困难多。搞清楚孩子的需求，制定计划，做好高质量有技巧的"陪伴"后你会发现，孩子其实并不需要全天候的陪伴。而这种"陪伴"可以分为三个时段：一是高关注时段，专心陪孩子；二是部分关注时段，一边做事，一边陪孩子；三是独立时段，彼此独立，互不干扰。

4.生存技能早培养

【微案例】

这段日子，我经常会邀请3岁的欣晨一起去劳动，一起洗碗、一起做饭、一起打扫卫生、一起收拾玩具、一起洗袜子……昨天，我忙着洗衣服，就让她独自把客厅的玩具整理归位。

我："亲爱的宝贝，看到玩具扔得乱七八糟，妈妈特别容易烦躁。妈妈现在正在洗衣服，你看看可以做些什么，让咱们家里变得更整洁、更漂亮呢？"

欣晨："妈妈，你想来帮我，但我不会。"

我："嗯，妈妈在洗衣服，咱们分工合作，如果我衣服洗完，你也收拾完了，咱们就同时完成了两件事情，之后妈妈就可以陪你玩游戏了。"

欣晨："可是，我不知道该怎么收拾。"

我："之前妈妈陪你一起收拾的时候，发现你已经能够将玩具分类摆放，收拾得又快又认真，相信这次你也可以做到。如果实在不知道该放到哪里，你可以直接问我。"

欣晨："好吧。"她半信半疑地开始尝试。

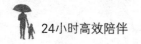

几分钟后。

欣晨："妈妈，磁力片放哪里呀？"

我："你想一想它的家在哪里？"

欣晨："我不知道。"

我："在沙发中间的抽屉里，还是在妈妈的床上？"

欣晨："哦，对了，我知道了。"她欢呼雀跃地跑过去。

欣晨："妈妈，麻将放哪里呀？"

我："有个米白色的盒子，还记得吗？里面放的都是和它长得一样的好朋友。"

欣晨："我想起来了，在电视下面。"

欣晨："妈妈，这个小猪玩具车放哪里呀？"

我："哦？想想看，上次你是从哪里拿出来的？就把它送回去。"

欣晨："哦，我想起来了。"她又快乐地跑开了。

……

没过几分钟，欣晨就把客厅的玩具统统送回了家。

我带着欣晨一起欣赏她的战果，"宝贝，你把玩具都送了回家，现在再看看咱们家，有什么感觉？"

欣晨欣赏道："哇，我们的家好漂亮呀。"

我："是的，这都是你一个人整理的哟。住在这么漂亮的房子里，真是太开心了。宝贝，你自己做到的，感觉如何？"

欣晨兴奋地大声回答道："开……心！"

【朱教练思路讲解】

幼儿的模仿能力很强，通过参与家务带来贡献，是孩子"我有能力，我能贡献"价值感的体现。父母要花时间训练孩子的家务能力，从"带着孩子一起做"到"让孩子独立做"，放手孩子的成长，帮助孩子发现那个比他自己想象中更优秀的自己。

5.就这样养成了爱劳动的品质

【微案例】

昨天计划大扫除，妈妈黄晓燕告诉孩子该做哪些工作，同时要求他将自己的学习桌和玩具区照顾好。

黄妈妈开始干活，儿子全全也开始收拾学习桌。

全全："妈妈，你看。"

黄妈妈："哇，真干净。你感觉如何？"

全全一脸喜悦地捧着自己的脸。

黄妈妈："你一定感到很自豪吧？"转身，她就继续忙去了。

全全："妈妈，你看。"

黄妈妈："哇，宝贝，玩具区这么干净，你怎么做到的啊？"

全全雀跃起来。

黄妈妈："哎呀，学习桌和玩具们都在对你说：'谢谢你，小主人，把我们照顾好了，我们也可以干干净净地过年了，以后我们会继续为你服务哦。'"

全全听了，迅速把餐桌上的零碎玩具收到玩具架，并将玩具排列整齐。

黄妈妈："你的玩具也太幸福了吧，谢谢你把餐桌的玩具也收好了。"

全全："妈妈，你的学习桌我都看不下去了。"

黄妈妈："是呀，我也得赶紧把它收拾好，我都不好意思了。"

全全开始擦自己的自行车和滑板车。

全全："妈妈，你看我的自行车……妈妈，你看我的滑板车。"

黄妈妈："哇，它们闪着亮光呢！它们笑得好开心啊！他们都笑呵呵地说：'小主人，谢谢你让我们重新发亮了，以后我们会继续为你服务的。'"

全全负责地把它们推到一处更适合的地方，说："以后别把滑板车放门口了，容易落灰尘。"

黄妈妈："嗯，你能体会它们的感受。"

全全补充道："以后就放这儿吧，这里没什么灰。"

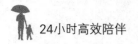

看到孩子一起口气做了这么多家务，黄妈妈忍不住感慨地问道："回头看看你的劳动成果，什么感受啊？"

全全开始手舞足蹈起来："我一下子就把自己的工作做完了。"

黄妈妈："是啊，太了不起了。"

全全兴奋地去跟爸爸分享成就："爸爸，我已经把我下午的工作早早地做完了。"

【朱教练思路讲解】

我们经常说"看见即是鼓励"，鼓励有着神奇的力量。案例中的妈妈，对于孩子的赞美，她没有用"你太勤快了""你太棒了""你真乖呀"等千篇一律的赞美词，只是描述了自己看到的，或者站在玩具的角度来表达感受。孩子自然就能感受到自己行为所带来的结果，体会到劳动的乐趣。仅用几句鼓励的语言，就能促使孩子一口气做完了所有的事情，鼓励的神奇力量由此可见一斑。

6.劳动的激情和快乐会传染

【微案例】

昨天到了老大放学的时间，我跟往常一样去接她。回来的路上，我想顺路去修车，就问她要不要一起去。

欣悦："好吧，一起去，顺便给我买东西。"

我："哈哈，别胡思乱想。只是去修车，很快就能修完，然后咱们就回家。"

欣悦："不行，必须给我买东西。"

我："嗯，你希望是这样。同时，你还记得咱们的约定吗？"

欣悦："妈妈，为什么你就不能像别的家长一样，孩子想要什么，就给他们买什么呢？"

我："啊？这么随便，不太好吧？"

欣悦："很好。我就喜欢随便。"

我："这个……不是说好的爱与规则吗？"

欣悦："去你的正面管教，我就想要随便。"

我："嗯，随便。容我胡思乱想一下先：

不想刷牙，随便了，就不刷；

不想梳头，随便了，就不梳；

不想洗澡，随便了，就不洗；

不想做作业，随便了，就不做；

不想上学，随便了，就不上；

站到马路对面，随便了，管他有没有障碍物，随便横穿；

……

天哪，'随便'真可怕，世界简直乱套了。"

欣悦笑了笑，没再继续坚持。

我继续重复刚才的问题："亲爱的欣悦，妈妈爱你。你愿意陪妈妈一起修车，还是想让妈妈先送你回去？咱们还有20分钟的思考时间。"

欣悦想了想，最终决定："好吧，我陪你去修车。"

到了修车点，我们在旁边等着师傅修车。

欣悦："妈妈，你为什么不买粉色的这辆？"

我："唉，让我好好想想，当时买的时候好像没看到粉色的。你看，现在这里也只有一辆粉色的。"

欣悦："我们现在买下来，再不买又没了。"

我："放心，还会有。"

我跟师傅借了一条毛巾，准备把车好好擦一擦。欣悦突然请缨，看着她认真细致擦车的样子，我突然有一阵感动。

我："我发现，你在擦车时，把大块灰尘和隐藏在车轮上的灰尘都擦掉了呢！"

欣悦："妈妈，给我发工资。"

我："哦。谢谢你为咱们家的小电驴洗澡，谢谢你为家务劳动做出的贡献。"

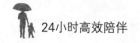

欣悦："给我 50 块钱。"她一边擦车，一边跟我谈条件。

我："如果你需要妈妈的帮助，就请告诉我。擦完这一轮，我去洗毛巾，再擦一遍，它就会像新的一样了。"

欣悦："嗯。算了，妈妈，回家给我写个鼓励果吧！擦车其实还蛮好玩的。"然后，她仔细地用毛巾把小电驴的每一处都擦得干干净净。

【朱教练思路讲解】

孩子感受到劳动是快乐的而非辛苦的，那接下来，就会更加热爱劳动，会更加懂得照顾自己。另外，在执行的过程中，要记住自己的目的：为了培养孩子的奉献精神和家庭责任感，如果孩子忘了做，可以用他们喜欢的方式去调整，但不要指责、侮辱和打击，保护孩子的积极性和主动性，并让孩子感受到做家务的乐趣和成就。

7.感恩的心 "会发光"

【微案例】

昨晚，爸爸下班回来，将家里的地面拖得干干净净。

全全："妈妈，爸爸为什么要拖地？"

黄妈妈（黄晓燕）："因为爸爸很爱我们，想给我们一个干净整洁的家，我们要感恩爸爸用这样的方式爱我们。"

全全："什么是感恩？"

黄妈妈："感恩就是别人为我们做了什么，帮助了我们，我们感谢他。感恩的时候，心会发光。"

全全："那我们要感恩爸爸。"

黄妈妈："你想用怎样的方式感恩爸爸呢？"

全全："我们可以给爸爸一个惊喜。请爸爸坐下，我给爸爸按摩，给爸爸倒杯水。"

黄妈妈："好的，那待会我们就来体验一下这种在感恩的时候，心会"发光"的感觉吧！"

不一会儿，爸爸就享受到了来自全全的感恩。爸爸开心极了，说："真是太幸福了，让我拖十回地都行啊！"

【朱教练思路讲解】

感恩，是每个孩子都应该具备的一项品德。忽视他人的付出或只懂享受，不仅会让孩子变得好逸恶劳，还会让孩子对他人产生更深的依赖感。而只有懂得感恩的人，才懂得做出回馈，才能赢得他人的认可，打造良好的人际关系。这些都是孩子未来成长之路上必不可少的能力。

8.全家的"大扫除"时光

【微案例】

周六下午（排除特殊情况）是我们全家参与大扫除的时光。每到这一天，我们都会换上适合劳动的衣服，准备"战斗"。我们会将上次头脑风暴的家务清单取出来，按照签名记录，认领家务，明确工作。

欣悦："妈妈，我们能播放《冰雪奇缘》的主题曲，边听边干活吗？"

我："这个主意听上去很棒。你们还想听什么歌？选几首，循环播放。"

老公："来一首李玉刚的《刚好遇见你》。"

欣晨："小飞机，纸飞机，一起做游戏。虫虫飞，嗡嗡嗡，蜜蜂在采蜜……"不知道歌名的欣晨，干脆直接唱出来，告诉我她想听这首歌。

我："我选《你笑起来真好看》吧！"

选好歌单，在美妙动听的音乐声中，我们像蜜蜂一样来回忙碌着，一阵欢腾。一个小时候之后，家里已经被我们打扫得干净整洁，躺在沙发上休息的我们感到很满足、很有成就感。

我："哇，打扫得真干净，真是太漂亮了，每个人都贡献了自己的力量，采访一下，此刻你们感觉如何？"

欣晨最积极："我感到很开心。"

欣悦："我觉得很累。"脸上是大汗淋漓后满足的虚脱的笑。

老公："我觉很幸福。我简直太爱我们家了。"

我："真是太舒服了！做家务出了很多汗，身体也排毒了，真舒服呀！"

我："下面，我们对自己今天的表现做一个自评。觉得自己完成得非

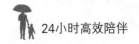
常满意的，给自己一个'向上'的大拇指；觉得一般的，给自己一个'向左／右横着'的大拇指；觉得不好的，给自己一个'向下'的大拇指。如果给自己的评价是大拇指'向下'，可以想想下次该如何改进，把大拇指变为'向左／右横着'或者'向上'；如果给自己的评价是大拇指"向左／右横着"，可以想想下次该如何改进，把大拇指变为'向上'；如果评价是大拇指"向上"，可以想想下一次如何保持'向上'或者怎么变得更好。好，现在我宣布，本周的全家大扫除时光，圆满结束。"

我们欢笑着相拥在一起。

【朱教练思路讲解】

全家大扫除，是家人建立联系的好办法。家务活动中，有独立完成，也有协同完成，当大家齐心协力完成一个大项目后，不仅能培养孩子的独立能力、合作能力，还能培养孩子作为家庭中的主人翁意识，并让孩子知道在一起享受权利的同时，还要一起分担责任和义务，从而为孩子打造完善的成长环境。

八、亲子

1.享受阅读中的"美妙"之旅

【微案例】

和孩子一起读完绘本《猜猜我有多爱你》，妈妈席萌萌对孩子说："我们也来像小兔子和兔妈妈那样，猜猜我有多爱你吧！"

席妈妈："我爱你，像大海那么大。"

孩子："妈妈，我爱你，比天还大。"

席妈妈："我爱你，像星星那么多。"

孩子："我爱你，比外太空的星星还要多。"

席妈妈："我爱你，像大树那么高。"

孩子："我爱你，像最高最高的楼房那么高。"

席妈妈："我对你的爱，100年也说不完。"

孩子："我对你的爱，一刻也停不下来。"

母子俩情不自禁地紧紧相拥，"我爱你，有你在身边陪伴，真好。"

……

不一会儿，孩子又用橡皮泥摆成了一个形状，说："我对你的爱有这么漂亮。"然后，又快速地将所有的玩具整理好，说："我对你的爱有这么整洁。"

虽然用语简单，但每次孩子都要比妈妈的爱更大更多，席妈妈感到很甜蜜。

【朱教练思路讲解】

和孩子一起读绘本，一起感受书里所传达的情感，是一种不错的促进亲子感情的办法。打开书本，妙趣横生；合上书本，理论联系实践。从书里主人翁的故事，到现实中我们变成主人翁，尽情地把书里的美好运用起来，父母和孩子之间也就有了独属于自己的秘密暗号。一旦孩子养成"多读几遍"书的习惯，就能在增进双方理解的同时，还能培养孩子的耐心和韧性。

2.角色扮演里藏着孩子的智慧

【微案例】：

一天晚饭和作业过后，欣晨主动发起了"过家家"的游戏。她是"小鸟妈妈"，我是"小鸟宝宝"。"小鸟妈妈"又孵出了两个蛋，分别是我的"弟弟"和"妹妹"，于是我变成了"小鸟姐姐"；后来，"小鸟妈妈"又孵出了一个蛋，作为"弟弟""妹妹"的"哥哥"。

我很好奇这个"哥哥"和我是什么关系。"小鸟妈妈"说："和你没有关系。"我百思不得其解，便开始尽情地扮演起了角色。

"小鸟姐姐"："妈妈，我来帮你照顾弟弟妹妹。哎呀，对不起，我把弟弟妹妹给摔到地上了，我是不小心的。"

　　"小鸟妈妈"温柔地说："没事的，宝宝。"然后，她小心翼翼地扶起它们。

　　"小鸟姐姐"惊慌地说："妈妈，弟弟妹妹受伤了。"

　　"小鸟妈妈"："没事的，我给它们贴个创可贴就行。"

　　"小鸟宝宝"："妈妈，我把弟弟妹妹摔了，你不生气、不批评我吗？"

　　"小鸟妈妈"用小手轻轻地抚摸着我的脸，说："没事的，妈妈爱你。"

　　"小鸟妈妈"："姐姐，你照顾好弟弟妹妹，妈妈去给你们买玩具了哦。"不一会儿，"小鸟妈妈"抱来了3个公仔（当时"哥哥"还没出生），自言自语道："妈妈买回来了3个公仔，一人一个，妈妈每个宝宝都爱。"

　　"小鸟妈妈"："小鸟妹妹，刘旺旺给你。"说着，她把黄色小狗给了"小鸟妹妹"。

　　"小鸟弟弟"："不行，妈妈，我要这个。"这时，我扮演"小鸟弟弟"，跟"小鸟妹妹"抢刘旺旺。

　　"小鸟妹妹"也不甘示弱："不行，是妈妈给我的。"

　　"小鸟弟弟"继续争抢："我的，我要，我喜欢的。"

　　"小鸟姐姐"："妈妈，你看弟弟妹妹在抢玩具。怎么办？"这时，我又作为"小鸟姐姐"，跳了出来。

　　"小鸟妈妈"："好吧，小鸟弟弟小鸟妹妹，你们俩一起玩刘旺旺吧。"她把刘旺旺和"小鸟弟弟""小鸟妹妹"一起放到一边。

　　"小鸟姐姐"继续发言："妈妈，我的呢，我的呢，我要我的礼物。"

　　"小鸟妈妈"："这两个都给你玩吧！"我感到有些意外，因为"小鸟妈妈"直接把剩下的两个公仔都给了我，我觉得被偏爱，很满足。

　　"小鸟姐姐"唯恐天下不乱道："妈妈，他们俩只有一个，我一个人就有两个，你是不是最爱我呀？"

　　"小鸟妈妈"继续温柔地说："妈妈都爱。"

　　"小鸟弟弟""小鸟妹妹"嚷嚷道："妈妈偏心。"（我同时扮演了弟弟妹妹）。

"小鸟姐姐"："妈妈，弟弟妹妹说你偏心我。"我又扮演回"小鸟姐姐"，跟"小鸟妈妈"求爱和关注。

"小鸟妈妈"："妈妈都爱。"说完，她又跑进"鸟窝"里，开始孵蛋，并说："我再给弟弟妹妹生个哥哥。"

"小鸟姐姐"生气地追问："为什么呀？妈妈你是不是觉得我照顾不好弟弟妹妹？"

"小鸟妈妈"："不是，小鸟姐姐。我生个哥哥，你们俩就可以一起给我帮忙啊！"

"小鸟姐姐"担心又愤怒地说："妈妈，我可以帮你呀，你不要再生了，他们都会来抢走你的爱。"

"小鸟妈妈"仍然温柔且坚持："不会的，小鸟姐姐，妈妈都爱你们。"说完，"小鸟哥哥"就被孵出来了。

"小鸟姐姐"："哼，我不喜欢这么多弟弟妹妹，让他们走。"然后，生气地伸腿把椅子上的"小鸟弟弟"和"小鸟妹妹"都给踢倒了。"小鸟妈妈"冷静地走过去，把它们都扶起来，继续放好。

"小鸟姐姐"继续哀求："妈妈，我不想要那么多兄弟姐妹来分享你的爱。我只要你爱我。"

"小鸟妈妈"："小鸟姐姐，妈妈每个都爱，你们将来会互相帮助的。""小鸟妈妈"过来抱住我，抚摸着我的脸。

"小鸟姐姐"开心地说："妈妈，谢谢你这么爱我，您辛苦了。我去做作业了，我要好好学习，我要考 100 分。"然后，我就去做作业了。

"小鸟妈妈"温柔地回应："好的，你先去做作业吧。"

……

【朱教练思路讲解】

有句话说："教育这件事，与其听专家的，不如听听孩子怎么说。"父

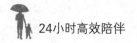

母的育儿智慧藏在孩子的大脑里，等着去挖掘。通过角色扮演，放下个人见解，用心观察、感受孩子，多向孩子请教，我们就能发掘出孩子的更多智慧，增进了解，更懂孩子。多倾听、多观察、多感受、多询问，懂孩子，才能用孩子喜欢的方式爱孩子。角色扮演里，不能用成人的"有色眼镜"来评判孩子的行为，即使大人暂时不理解，也可以通过学习补充知识，但一定不要仓促下结论。

3.促进亲子联结的经典小游戏

【微案例】：

今天婆婆去单位值班，妈妈王静一人在家带俩娃。中午的阳光照在戒指上，反射出很亮的光影。

10个半月的二宝看着亮亮的光影，非常兴奋，特别开心。

王妈妈拿来一面小镜子，把光影打在地板上、衣柜上、窗帘上、墙上，姐弟俩都开心地追着光跑。弟弟兴奋地边尖叫边爬。

然后，王妈妈把镜子递给弟弟，他看到自己只要晃动镜子，光影就会动，于是手舞足蹈起来。

娘仨和光一起玩了20多分钟，开心极了。

【朱教练思路讲解】

对于孩子来讲，世界是未知的，所有的东西都会引起他们的好奇。父母要做的就是捕捉这些可以满足他们好奇心的时刻，用一些开放式的"玩具"陪他们一起探索世界。亲子游戏的重要性主要表现为：能培养亲密感，远离孤独感；能培养孩子的自信心，让他远离无力感；能培养孩子的情绪康复力，让孩子不再深陷悲伤；父母擅长游戏，同样也能在此过程中蓄满自己的爱之杯。所以，父母要关掉手机，多和孩子一起玩游戏。

4.聊天中更懂你

【微案例】

我："悦悦，我注意到你对画画特别感兴趣，而且发现你在这方面很有天赋。你长大的愿望是什么？"

欣悦："我长大要当画家。"

我鼓励道："哇，有梦想的孩子最了不起。看到你每天都在努力画画或创作，妈妈相信你一定可以实现自己的梦想。"

我转向欣晨："晨晨，妈妈注意到你对舞台表演芭蕾舞和唱歌很感兴趣，很享受舞台的感觉。你长大后的愿望是什么呀？"

欣晨："画家或歌唱家。"

我鼓励欣晨说："哇，妈妈真高兴你对画画和唱歌都很感兴趣，相信通过每天的不断练习，你一定能距离自己的梦想越来越近。"

欣晨："妈妈，双手伸过来。我要用绳子绑住你。"

我："哎呀，你是警察吗？要把我铐起来？我没有做坏事呀，不要抓我呀。"

欣晨："不许动，再动我就开枪了。"

我："啊，好可怕。"

我："宝贝，你演警察很像呀。你将来要当警察吗？"

欣晨："对，我的愿望是：警察、画家、歌唱家。"

我："哇哦。有梦想的人，都很了不起！我们一起加油吧。"

【朱教练思路讲解】

有梦想，谁都可以了不起。要让孩子欣赏自己、爱自己，并努力追寻更好的自己。通过沟通，了解孩子的兴趣爱好、愿望梦想、语言习惯，父母就能更理解孩子，更懂得他们所表达的情感的意思。孩子会坦诚地表达自己的爱和感动，这是值得大人学习的地方。让爱在亲子的心中流动起来，就能获得无比的幸福。

5.在游戏中快乐学习

【微案例】

兄妹三人在房间里看电视，大人在客厅打牌。

欣晨过来传话："妈妈，网络走丢了。"电视突然看不成了，哥哥派来一个求救传话筒。

我边打牌边敷衍地问："走丢了呀？怎么走丢的？"

"不知道。"欣晨回答完，跑回去找哥哥姐姐。

过了一会儿，不知道他们在房间玩什么游戏，欣晨又跑过来说："妈妈，网络真是个调皮的小宝宝。"听到这话，大家都忍不住笑了。

我好奇地问："它为什么是个调皮的小宝宝？"

欣晨回答："因为它又走丢了。"

我突然联想到前两天和她一起读的故事："是哦，像那只鸭宝宝一样，东张西望，一会儿抓蝴蝶，一会儿追小鱼，后来就找不到妈妈和哥哥姐姐了。对吗？"

欣晨："嗯。"

我："那我们可以怎么帮助它呢？"

欣晨："留在原地。"

我："嗯，还有吗？"

欣晨："找工作人员帮忙。"

我："嗯，还有吗？"

欣晨："给警察叔叔打电话。"

我："嗯，还有吗？"

欣晨："没有了。"

我："哇，我的小宝贝，你的小脑袋里，可以想到这么多解决办法，你越来越会照顾自己了。"

真好，借着这个机会，又帮她温故了一次安全知识。

【朱教练思路讲解】

育儿的过程就是不断播种、持续收获的过程。播种和收获虽不在同一季节，但只要播种了，多少会有些收获。我们那个年代的人，大多都认为学习是痛苦的，很多人甚至还将"吃得苦中苦，方为人上人""书山有路勤为径，学海无涯苦作舟"作为座右铭。但对于现在的孩子来说，学习可能是件很有趣的事情。所以，父母要多学一些技巧和方法，跟孩子一起在玩中学、学中玩，给孩子输入一个坚定的信念：学习是一件乐不可支的事情。在接下来的学习生涯中，孩子就能减少很多烦恼，轻松快乐地学习。

6.神奇的鼓励果

【微案例】

晚上洗完澡，我邀请欣晨画画。画什么呢？画妈妈吧。她快速飞舞着手中的笔，不一会儿，就完成了一幅画。

我欣赏着她的画作，画中人物的神情很有感觉，面孔、神态、感觉等都很生动。看到一个3岁3个月的孩子居然能画出这样的水平，我感到很惊讶。

我说："哇，我的小宝贝，你是什么时候开始学画画的，已经画得这么厉害了。这是我的眼睛、鼻子、嘴巴，我在做这个动作，对吗？"我学着上面的动作，模仿给她看，然后又说："我的头发是短的。哎呀，这个妈妈真好看。"

欣晨受到鼓励，便打算继续创作："妈妈，我再画一个长头发的你。我再画一个爸爸，爸爸是长头发，还是短头发的？再画一个爷爷，爷爷是个光头，爷爷的手是这样的，你看。"

欣晨一边说，一边摆着动作给我看："再画一个妈妈抱着宝宝，再画一个奶奶，再画一个爸爸。好了，这是我们的全家福。"

我："哇，画了这么多人。等等，全家福上少了一个人。"

她搞怪地说："姐姐躲在爷爷身后，她说让我们去找她。"

"原来是这样呀。妈妈是什么表情？"

"你看我，就是这样的。"她学着上面的动作。

我们聊了好久，很开心。

【朱教练思路讲解】

不是孩子不喜欢、不在乎被看见和被夸赞，其实不管年龄多大，即使是成年后的我们，只要被他人看见，也会兴奋不已且充满力量，对孩子而言就更是如此。孩子都渴望父母的夸赞，更希望自己的言行能够被父母听到看到。当意识到父母的关注时，他们就会获得巨大的满足感。

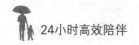

第六章　可以更"忙碌有序"的充实

一、热闹的午餐时段

1.宝贝，妈妈需要你的帮助

【微案例】：

付妈妈（付婷）："田田，可以帮忙端个菜吗？"

田田："我没时间。"

付妈妈："我需要你的帮助。"

田田："我没空。"

过去，遇到这种情况，付妈妈都会生气地指责田田不懂得体谅人，只顾自己，最终搞得大家都不开心。这一次，付妈妈打算用游戏的方式对孩子进行引导。于是，她假装伤心地说："没人帮忙，我好伤心啊!"之后，还假装呜呜地哭了起来。

田田："我来了，我来了。"他欢快地跑过来帮忙，言语中充满了快乐和友善，显得非常愿意合作。

中午吃饭，田田还在玩乐高。如果是以前，付妈妈很生气，会焦急地催促。这一次，她换了一种说话方式。

"小鱼说：'吃饭的时间到了，冷了就不好吃了。'"

"菠菜说：'吃饭的时间到了，冷了就不好吃。'"

听了付妈妈那充满趣味的话语，田田开心地放下手中的玩具，快速来到餐桌前，大喊："我饿了，我要吃饭。"

【朱教练思路讲解】

催促，只能让孩子感到被控制，自己不被父母尊重，所以为了反抗，孩子有时就会故意拖延。游戏力养育里有一句名言："有趣的大人，会对孩子散发出无比奇妙的光芒。"孩子们都希望自己是强大的，家长不必时时事事尽善尽美，要时不时地呈现自己的不足或柔弱，给孩子创造贡献自己力量的机会，实现自己的价值。父母用命令或要求的口吻，孩子会感觉到自己不被尊重，自然就不会跟家长合作了。

2.神奇的"改变心情"零食柜

【微案例】

午餐给儿子牧泽准备了青菜杂菇瘦肉粥，妈妈肖艳丽觉得这样做比较合他的胃口，结果儿子牧泽依然不想吃。

肖妈妈说："宝贝，你最近这几天吃东西很少，爸爸妈妈有点担心。"

牧泽："妈妈，感冒时不能吃辣的，不能吃冰箱里的东西，过期的东西也不能吃。要吃胡萝卜、西兰花，还有瘦肉……多吃维生素，身体才能好得快。"

肖妈妈赞许地摸了摸他的头，原来他什么都知道，说："是的，宝贝！粥里面有瘦肉哦。"

牧泽："嗯，这个我喜欢吃。"然后，他就开始滔滔不绝、自信满满地表演，肖妈妈跟老公安安静静地当观众。

肖妈妈好奇地问："宝贝，你是怎么知道这些的？"

牧泽回答："我生病了，自然就知道了。"然后，他起身打开零食柜："还有，我是从这里面知道的，因为我最喜欢吃零食。"

肖妈妈："哦？看来这个柜子很神奇呀！"

牧泽："是的，妈妈。当你生气的时候、不知道该怎么办的时候，就把柜子打开，心情就会好了。"

肖妈妈重复他的意思："哦？也就是说，当我感到大脑盖子要打开的时候，就把柜门打开，大脑盖子就会慢慢合拢，我的情绪就会变好？"

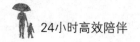

【朱教练思路讲解】

行大于言！柜子，一般都是用来装东西的，但神奇的是，柜子有时也能用来"装情绪"。给孩子准备一个储存情绪的柜子，孩子出现了负面情绪时，就能调整自己，得到片刻的平静。

3.大人不高兴，也要说出来

【微案例】

餐后，妈妈肖艳丽在收拾厨房，牧泽突然重重地打了一下她的屁股，然后说："妈妈，我想让你帮我把电动牙刷拿下来。"肖妈妈觉得，儿子一定将吃奶的力气都使上了，因为这一下确实打得她很痛。

肖妈妈回应道："我现在在洗碗，如果需要我的帮助，请耐心等待一下。"

牧泽又用力地打了一下妈妈的屁股，肖妈妈有点生气，但还是压住了心头的怒气，说："宝贝，如果你真的很着急，可以去找爸爸帮忙。"

拿到电动牙刷后，牧泽跑到厨房，又在肖妈妈的屁股上狠狠地打了一拳。

肖妈妈顿时怒了，把手里的筷子往地上重重一摔，说道："你为什么总是这样，我感觉很不舒服，你打得我很痛。"

牧泽住了手，可怜巴巴地抬头望着妈妈。他意识到肖妈妈生气了，说道："妈妈，你怎么了？"

肖妈妈做了个深呼吸，调整了一下自己的情绪，然后蹲下来抚摸着他，说："宝贝，妈妈爱你。但你这样做，让我感到不被爱和尊重。你想跟妈妈一起玩，是吗？"

牧泽点点头。

肖妈妈继续说："如果你想让妈妈跟你玩，可以轻轻地拍拍妈妈。"

牧泽拉了拉肖妈妈的手，让她抱抱。

肖妈妈弯腰抱起他，说："好了，下次记住了，妈妈爱你。去玩吧！"

牧泽来到客厅找爸爸。爸爸知道了前面发生的事，不停地引导宝贝跟妈妈道歉。

牧泽没有立刻道歉，而是在跟爸爸玩了很久之后，突然跑到厨房说：

"妈妈，对不起。我下次会轻轻地拍你的。"

【朱教练思路讲解】

我们都不是圣人，都会有情绪，要尊重自己的情绪，说出自己的感受。要让孩子明白：不仅要照顾自己的情绪，也要接纳别人的情绪，照顾别人的感受。

4.故事里藏着大道理

【微案例】

中午，妈妈李雪喂二宝吃饭，萱宝跑过来，张开嘴巴要吃。

李妈妈先塞了一口给二宝，准备再塞一口给萱宝，结果她却生气不吃了。

萱宝生气地走来走去，就是不吃饭。

婆婆跟在萱宝后面，劝说："大宝不生气，快来吃饭。"

看到爸爸妈妈一起坐着吃饭，没特意去关照她，萱宝更生气了。

然后，李妈妈对爸爸说："爸爸，我给你讲一个故事吧！"

爸爸说："好啊！"

李妈妈便开始讲："从前有一只小白兔，肚子饿了，兔妈妈出去拔萝卜，回来晚了 5 分钟，小兔子很生气，结果生了一天的气，饿了一天都没吃胡萝卜。好奇怪。本来她只晚了 5 分钟就能吃到胡萝卜，可是为了生气，小兔子一天都没有吃胡萝卜。"

萱宝跑过来说："我要吃花菜。"

【朱教练思路讲解】

孩子们都喜欢听故事，如果孩子不想吃饭，就可以将故事融入其中，用故事来解决问题。一旦孩子意识到自己的所作所为对自己没有好处时，就会主动改正。

5.有你的鼓励，妈妈也可以是美食达人

【微案例】

过去我总是羡慕那些会做菜的妈妈，聊起孩子的饮食喜好滔滔不绝，总觉得做我的孩子太可怜了。这段时间，我和欣晨朝夕共处，需要自己面

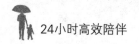

对一日三餐，我每天都在想：下一餐做什么？怎样才能将饭菜做得营养又美味？等到公婆回来，怎样才能让欣晨看上去胖了、高了？……当我开始不断思考这些问题时，居然生出很多莫名其妙的想法，然后我就去做了，结果居然真的不赖。

最近，我学会了几道爆品菜，欣晨超级喜欢，每次都能将整盘吃光。一向不会做饭的我，看到孩子大口大口地吃饭，我感到很自豪。

每次做好饭、炒好菜，欣晨都说："好好吃呀，妈妈做的饭太好吃了，妈妈炒的菜太好吃了。"看着孩子无比享受的样子，我觉得很有成就感，很受鼓舞。

昨天，欣晨给外公外婆打电话："外公外婆，我可以邀请你们来我家住几天吗？我妈妈会给你们做好吃的。我妈妈做的饭可好吃了。"我也打算将爸妈从哥哥那里接过来住几天，趁机让他们尝尝我的手艺。

看着满桌子的菜，我妈感慨道："我家姑娘怎么突然就会做饭了，真不可思议！"看着两位老人津津有味地吃着我做的菜，很是享受的样子，我高兴不已。

我说："如果身边的人总是批评我、打击我或指教我，我无论如何都学不会。这段时间，多亏有了欣晨的鼓励，我才有机会完成从 0 到 1 的蜕变。"

【朱教练思路讲解】

每一位家长和孩子都需要且值得被温柔以待。感受到孩子的鼓励，父母不仅会感到欣慰，也会更加愿意为家人付出。在这种亲子相处的"特殊时光"，就能建立更深的联系，遇见更美好的自己。

6.饭菜不满意？我有化解三部曲

【微案例】

今天，妈妈薛晓斐第一次尝试凉拌千张丝。她刮了胡萝卜丝和黄瓜丝作为配料，使用了盐、糖、生抽、椒油、啤酒做调料。做好之后，她先尝了一口，觉得味道很新鲜，啤酒的加入让整道菜爽口不少。女儿尝了一口，也竖起大拇指说好吃；老公也说不错，还吃了两大口。

薛妈妈自信满满地将菜端上桌，请她的爸妈品尝。她爸爸尝后顿了几秒，挤出几个字："可以吃。"

薛妈妈又问她妈妈怎么样？得到的回复："你放了不少醋吧。"

薛妈妈问她："好吃不？"她尬笑了一下说："不好吃。"

听后，薛妈妈心里一凉，这打击可真不小呀，以后再也不能做这个菜了。但是，她立刻意识到，创新菜本来就有风险，能得到老公和女儿的肯定，还有自己的喜欢，也算不错了。所以，听到自己爸妈的评价后，她表现得很平静。再加上她想到爸妈一贯不太喜欢甜咸味的东西，平时口味重，而这道菜不但少盐，还加了辣椒油和啤酒，他们不能接受是可以理解的。

薛妈妈对自己的爸妈说："谢谢你们将真实的感受告诉我，下次我会单独给你们做一份符合你们口味的菜。"

【朱教练思路讲解】

化解冲突三部曲：暂停（避免冲突升级），说"谢谢"（感谢对方真实表达感受），转换（停止无效沟通方式，找寻真正有效的方法）。带着感觉找寻不同，就能让我们从惯性思维中得到喘息的机会，从而获得主动选择的机会和不同的反应方法。

二、午休小充电

1.妈妈需要午睡

【微案例】

今天，妈妈梁敏感冒了，一个劲地咳嗽。虽然身体不舒服，但她还得整理东西搬家，整个人心情也不太好。

下午三四点，2岁的二宝小粉还不想午睡，7岁的大宝芮芮也不午睡。梁妈妈觉得，老大年龄大一点，不睡午觉也行，于是就将小粉拉到房间睡觉。结果，小粉哭着说，自己想找姐姐玩。但梁妈妈想让她立刻去睡觉。

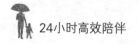

于是，她哭得更厉害了。

哄了一会儿，不管用，梁妈妈无奈地说："你自己下去。"

小粉可能感受到了妈妈的不悦，情绪不好，不肯下床。

梁妈妈没办法，只好将她放床下，让她自己去找姐姐。然而，她仍然不肯，非要妈妈陪着一起去。

梁妈妈生气了，强行把小粉扔到大宝那里，然后往房间跑。

小粉看到这一幕，立即大哭着追着喊妈妈，如同要失去妈妈一样。

梁妈妈生气了，果断上床，小粉就站在床边哭。

没几秒钟时间，梁妈妈突然意识到："我怎么能这样对待自己最爱的孩子呢？她需要爱和归属。"

梁妈妈立刻跳下床，蹲下身子，将小粉抱起来，告诉她："妈妈在，抱歉。妈妈刚才很生气，向你发脾气了，真的很抱歉。你吓到了，是吧？妈妈在，妈妈在……"

小粉的情绪慢慢平复了下来，小鸟依人般静静地依偎在梁妈妈的怀里。

看着小粉被吓到的小可怜样，梁妈妈一边心疼，一边反省：我为什么会这样？

【朱教练思路讲解】

自己想睡，却拉着孩子一起睡？但睡不睡，是孩子的事情，不能强迫他。经验告诉我们，越强迫孩子睡，孩子反而越睡不着，甚至越清醒。因此，一定不能强迫，可以找一些柔和的方法，比如给孩子讲个故事，让孩子在听故事的过程中慢慢入睡。家长意识到自己的问题所在，在下次面对相同的问题时，才能更和气地去处理。

2.彼此尊重的约定，换来轻松午睡

【微案例】

一个人带孩子，孩子没玩伴，就会表现得很黏人，似乎家长一天到晚都得围着她转才行，但这样一来，大人就没有自己的时间，想想都觉得烦恼。

这段时间，只有我和欣晨在家。

午睡的时间到了。

我："宝贝，我们一起去睡午觉吧！"

欣晨："不要，我不困。"

我："好的，妈妈现在好困呀，那妈妈去睡了。"

欣晨："好的。"

我："你自己玩的时候，如果需要帮助，妈妈又正在睡觉，你可以做些什么，既能保证妈妈睡觉不被打扰，又能照顾好自己呢？"

欣晨："我会先玩其他的游戏。"

我："好的。那如果你也困了，怎么办？"

欣晨："我困了就自己去睡觉。"

我："好的。睡觉时，如何保证自己不被冻着呢？"

欣晨："盖好被子。"

我："好的。相信你可以照顾好自己。那妈妈先去睡午觉了。如果你想妈妈，可以悄悄爬到妈妈身边睡觉，妈妈爱你，也谢谢你体谅妈妈。"

欣晨："好的。"她抱了抱我，然后去客厅玩去了。

午睡醒来，我去隔壁房间找到她，她正呼呼大睡呢！下面铺了一床被子，上面盖了一床被子，中间夹着她和她的小枕头。看着她甜甜熟睡的样子，我特别感动。

欣晨醒来后，我跟她说："哇，我的小宝贝，我注意到你在午睡时自己铺了被子，还盖了床被子，中间还放了你最爱的小枕头，又温暖又舒服。你越来越会照顾自己了。"

【朱教练思路讲解】

相信孩子，我们就能看到惊喜；在养育里做到互相尊重，其过程也会异常美妙。孩子年幼，需要父母的信任，而父母的信任，也是孩子提高做事积极性的有效方法。相信孩子一个人能够做好某件事，比如午睡。孩子当时可能睡不着，等到困意上来之后，也能找个理想的地方自己睡着，比

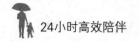

如沙发上、地毯边等。

三、照顾好自己

1.我能正确认识自己，并欣赏他人

【微案例】

这一天，我和3岁多的欣晨一边做美食，一边聊天。

吃着刚炸好的红薯饼，欣晨突然说："妈妈，我挺会享受的。"

我笑呵呵地看着她："哦？"

欣晨眨了眨眼睛，问："你为什么要生一个会享受的宝宝呀？"

我："这个……是因为这样的宝宝很会照顾自己呀！"

欣晨意指姐姐："那你为什么又生了一个挑食的宝宝呀？"

我想继续听她说："哦？"

欣晨："姐姐吃饭那么挑食，我一点也不挑食。"

我："哦，看得出来，你很为自己的这个好品质感到骄傲啊。不挑食，什么都吃，你的感受如何？"

欣晨享受着这种成就："开心。"

我："那我们来想想，姐姐有哪些让她骄傲又开心的品质呢？"

欣晨脱口而出："画画。"因为全家人都知道，姐姐最喜欢也最骄傲的就是画画了。

我："嗯，是的。每个人都有自己的特点，每个人都不一样。"

欣晨高兴地唱了起来："我们不一样，我们不一样……"

【朱教练思路讲解】

每个孩子都有自己的优点，让孩子观察并发现对方的优点，互相欣赏，孩子就能正确认识自己。

孩子懂得欣赏他人，也能为他们在群体中赢得好人缘。

2.幸福的方向盘握在自己手中

【微案例】

周六这一天是家庭日，作为全职妈妈，妈妈付婷并不喜欢这两天。因为平时她都是围着老公孩子转，没有自己的生活，内心的抗拒让她这两天过得并不轻松。

不过，付妈妈很快意识到，周末是她和家人的特殊时光，与其内心抵触，不如让家人好受一点，让感情流动起来，努力给亲子关系、夫妻关系的账户上多存点爱的情感。

明确了这一点，付妈妈也就有了方向。付妈妈原来不喜欢陪老公回婆婆家，因为每次去了，一屋子人只会无聊地看电影，现在她会尽情享受大家一起看电影的欢乐了。

付妈妈原先都是等娃睡着了自己也很快睡下，现在她会试着和老公一起看会儿电视，平时懒得说话的老公，居然会津津有味地跟她聊剧情。

付妈妈将更多的接纳和好情绪送给了家人，家人也感受到了更多来自她的照顾，家庭氛围变得更加轻松自在，大家快乐地做着自己喜欢的事情，她也源源不断地感受到了来自他们的爱的回流。

【朱教练思路讲解】

积极还是消极，念头就在一瞬间。选择消极，就会遇到越来越多糟糕的事情；选择积极，总会发现很多事情可以理解。知道自己要做什么，改善局面或照顾好自己，就会将爱送给家人，他们只要感受到你的爱，就会回馈给你爱。幸福不是等来的，要不要幸福是自己的选择，因为幸福的方向盘就握在自己手里。

3.变美的黑科技

【微案例】

今天，妈妈谭锦华看到一篇名为《女孩被夸50天后惊人的变化》的文章，里面提到日本播出的一个综艺节目，介绍了一个"黑科技"。使用该科技，人们就可以在50天内变美，而不需要整容或者减肥。

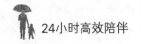

参加节目的志愿者是一位女中学生。镜头下的她，单眼皮、大脸盘，怎么看，都和美搭不上边。经过50天的被赞美与鼓励后，女孩居然真的变美了。

其实，这一项"黑科技"非常常见，就是鼓励、夸奖和赞美。

【朱教练思路讲解】

孩子需要鼓励，就像植物需要水。因此，在跟孩子相处的过程中，要多些鼓励和夸赞，少些批评和指责。因为，在夸赞中长大的孩子，往往更自信；在指责中长大的孩子，会不信任自己，也更不容易做出成绩。

四、一起去超市

1. 财商思维早培养

【微案例】

有一天，我带着6岁的欣悦去市场买菜，路上我让她提前准备好："宝贝，今天我们要关注土豆、大蒜、玉米的价格是多少，我们会去3家超市对比3种菜的价格，最终选择价格最低的一家。我需要你的帮助。"

欣悦："好的，我会把每个超市的这3种菜的价格都记下来。逛完3家，就能知道怎么买了。"

我："是的。看看通过货比三家的方式，一共能省下多少钱吧！"

在各个超市走了一圈后，欣悦说："我发现每个超市都有自己的特价菜，种类不同，需要货比三家。"

我："你观察得很仔细，确实是这样，这便形成了每个超市独特的竞争优势，客户对哪个菜感兴趣，就会被那家超市的特价菜吸引过去。如果预算有限，时间也充裕，就可以货比三家；即使时间有限，依然要货比三家，因为时间也是金钱。"

【朱教练思路讲解】

父母引导孩子看什么，孩子可能就会格外关注什么。比如，问孩子："午餐上桌的第一道菜是什么？""鱼是第几个上的？""一起吃饭的，几个人穿了 T 恤？"如此，就餐时孩子就会关注午餐的第一道菜、鱼和 T 恤。孩子对生活进行观察的过程中，就能让自己一点点建立起对世界的认知。除了智商，孩子还需要情商，父母要从小培养孩子的财商思维。富人思维和穷人思维，都是从小在潜移默化中培养出来的。同时，父母还要抽时间提升自己的格局，保持放松的心态，放慢节奏，让智商—情商—财商等都在生活中有所呈现，跟孩子一起好好感受生活的点点滴滴。

2.只选一样买

【微案例】

每次去超市，只要遇到孩子喜欢的、想买的东西，我们都要费尽口舌，心力交悴。于是，我和孩子做个约定，一次只买一样东西，标准在 30 元以下。从那以后，我们再也没有因为买东西讨价还价过。

一次，欣悦挑选了两个超级喜欢的商品，但具体买哪一个，她一时无法抉择。于是，她向我求助："妈妈，你说我该买哪一个？"

我："看来，两个你都喜欢。咱们以后还有机会逛超市，你再想想看，此刻到底更想要哪一个？"

欣悦："好难啊，我真的选不出来，两个都给我买，行吗？"

我摸了摸她的头说："我相信你一定能做出适合自己的决定。咱们还可以在纠结 5 分钟。"

欣悦："好吧。"她继续纠结，最终指着其中一个商品，如释重负地说："就选它吧！"

【朱教练思路讲解】

面对某件事，父母要不要帮孩子做决定？我的建议是：不要。纠结是人生成长的必经之路，孩子终究要学会独立面对人生，父母不可能一直守候在孩子身边。父母在小事上给孩子时间，让孩子经历纠结，孩子就能感受到纠结的痛苦，感受到如释重负的放松。体验很重要，孩子的决策力需

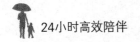

要在小时候培养。父母只要带着耐心和爱，相信孩子、陪伴孩子就行。

3.抱不动孩子，诚实说出来

【微案例】

孩子们玩了一下午，等我们逛完超市的时候，欣晨已经困得睁不开眼睛了。

欣晨哭着说："我要妈妈抱，我要妈妈抱。"

我蹲下来，温和地看着她说："嗯，妈妈理解你，但是妈妈真的抱不动你。你看妈妈还拎着一大袋东西呢！"

欣晨继续哭："我就要，就要你抱。"

一个路人经过，说："哭啥呢，再哭，坏人就把你抱走了。"

我微笑地对他的好心表示谢意，看那人远去后，继续对孩子说："妈妈会在你身边，一直陪着你。欣晨今天玩了一天，现在又累又困，希望妈妈抱着回家。"

欣晨立刻起身，环抱着我的脖子："妈妈，你抱着我。"

我："嗯，妈妈也很想抱欣晨，只是妈妈实在是太累了，东西又很沉，刚才还差点摔了一跤，妈妈吓坏了。咱们一起快点回去，给爸爸做一顿晚餐，爸爸下班回来，就能吃得饱饱的，就不会饿着了。"欣晨听得很认真。

我站起来，伸手拉她站起来。结果，她走了两步，又坐下了。我有点着急，但一个声音很快告诉我："不要为了赶时间，让孩子感觉不到爱和规则。"

我快速调整好情绪，告诉自己："慢慢来，比较快；感觉好，做得好。"然后，再次温和地蹲下来，看着她。

欣晨继续边哭边唠叨："我都流眼泪了，你还不抱我。妈妈不爱我，哇……"然后，她的哭声更大了，不时地还呜咽几句："我都这样了，你还不抱我。啊……"

看着她发泄了一会儿，我继续表白道："妈妈爱你。妈妈永远爱你。妈妈想着爸爸一会儿回来，发现我们还没回去，还没做饭，肯定会说'没有时间了，算了不吃了'。爸爸去赶火车，路上饿晕了，怎么办？妈妈会担心和心疼，你呢？会怎么样？"

欣晨："我会很难过、很伤心。"

我："嗯，我们的想法是一样的，妈妈需要你的帮助，咱俩赶快回家，妈妈做晚饭，你在沙发上休息。"

我又陪了欣晨一小会儿，她突然站起来，同意一起走。我顺势拉起她的小手，有说有笑地往家赶。

欣晨："妈妈，我看到袋子里有紫色的罐罐面。"

我："哦，那是买给爸爸火车上吃的泡面，你叫她罐罐面呀？哈哈。"

欣晨："妈妈，你下次能不能带我去吃罐罐面？"

我："可以呀，我们去阳光海工作室的时候，妈妈就带你去吃罐罐面。我还给爸爸买了山楂片，回去之后，你也可以尝尝。"

欣晨顺势做了个流口水的动作："我看到了，好的。"

【朱教练思路讲解】

情绪需要及时流动，哭是结束的能量。养育孩子，并不需要把所有的美好都呈现给孩子。如果你感到累了、困了、伤心了，都可以说出来，让他们知道。孩子从来都不需要一个完美的家长，而是一个真实的、会遇到困难、会跌倒又爬起来的60分家长。家长能忍耐，忍一次、两次……时间长了，这种负面情绪终究会在某一个节点爆发。一旦家长爆发，孩子就会觉得很恐怖。因此，我们要诚实地告诉孩子，并相信孩子确实能做到。

五、生活小插曲

1.办法总比困难多

【微案例】

一天晚上，田田不小心将自己的一个玩具掉在床底下去了，妈妈付婷答应她第二天一早给她找出来。可是，早上一起床，付妈妈就开始做早饭，

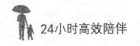

很快就忘了这个约定，直到田田醒来让她到床底找玩具，她才记起来。

玩具掉在最里面，用扫帚根本就够不到。试了几次之后，付妈妈有点不耐烦了。可是，想到自己要跟孩子一起面对的是问题，而不是跟问题一起面对孩子，付妈妈便继续尝试，结果依然没有效果。

付妈妈告诉田田："我实在是没办法了，床太重，抬不动；玩具距离太远，我够不着。以后玩玩具时，离床远一点，不要把玩具掉到床下去了。"

田田看妈妈急了，赶紧认错，但态度比较勉强。

付妈妈觉得这种沟通方式无效，不说话，只是指责，孩子什么也学不到，自己也有强烈的挫败感。

付妈妈打算再试一次，看看有没有其他办法。然后，她找来一根更长的拖把，从多个角度又试了几次，终于把玩具够了出来。

母女俩都很开心，付妈妈愉快地告诉女儿："你看，办法总比问题多。"

【朱教练思路讲解】

身教大于言传，家长用实际行动给孩子示范"办法总比困难多"，比说100遍都有用。让孩子在体验中感受到：大人也会有沮丧，也会经历失败，但只要内心不放弃，总能找到解决问题的好办法。孩子就会对父母少了幻想，这样的父母往往也更接地气。

2.尊重约定，温和坚持到底

【微案例】

一天，在回家的路上，妈妈肖艳丽顺便找了家理发店，给儿子牧泽理发。

刚理完发，肖妈妈就跟牧泽说："回去洗澡了，不然会很痒。"

牧泽："我不想洗澡，我想直接睡午觉。"

肖妈妈："哦，牧泽困了很想直接睡觉，妈妈也很困。不过，妈妈担心头发不冲洗掉，身上会很痒，同时也会把床上搞得到处都是头发。想想看，用什么办法可以不让妈妈担心？"

牧泽："没事的，我不怕。等睡醒了，我就将床上的头发扫掉。"

肖妈妈："那好吧。这样我就放心了。"

回到家，牧泽开始玩玩具，肖妈妈给他准备了一套干净的睡衣放在沙发上，交代道："如果困了，就换上睡衣睡觉。妈妈先去睡了。"

没过一会儿，牧泽自己换好衣服，爬上了床。结果几分钟之后，他就坐起来拿纸巾擦枕头，带着哭腔说道："妈妈，全是头发，好痒啊。"

肖妈妈："是哦，痒的滋味不好受。可是，怎么办呢？"

牧泽："妈妈，你还是带我去洗澡吧。"

肖妈妈："嗯，你自己就想到了解决办法。不过妈妈实在是太困了，需要休息，相信我的宝贝自己可以洗澡。去吧。"

牧泽来到洗手间，结果打不开开关，只能到卧室找妈妈帮忙："妈妈，你帮我拧开，这个太难拧了。"

肖妈妈："深呼吸一下，试试从不同的方向拧开关。你可以做到的，加油。"

牧泽："我从哪边都不行。（带着哭腔）妈妈，你就帮我开一下水有那么难吗？"

担心儿子会被冻着，肖妈妈很想冲进去帮他把水打开，不过她却说："事情很简单，相信你一定能做到，使点劲儿，再试试看。"

牧泽一边哭一边"诶……呀……诶……"地拧着开关。直到听到热水器啪——的一声，肖妈妈悬着的心终于放下来了。

洗完澡后，牧泽上了床，看了看枕头，拿来了沾毛器，结果沾了两下就停了。牧泽有点气馁："妈妈，我弄不干净，还是你来吧！"

肖妈妈："试着一点一点细细地擦过去，就像妈妈平常那样。相信你一定可以！"

牧泽认真做完后，肖妈妈夸赞说："哇，今天牧泽是自己洗的澡，还就把枕头上的头发擦干净了。你真的做到了自己的承诺。这对一个刚满 6 岁的男孩来说，实在是太了不起了！"

牧泽有些得意，说："妈妈，刚刚擦泡泡的时候，我觉得很纳闷，那些

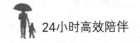

头发在我身上怎么搓也搓不掉。"

肖妈妈："那最后怎么掉的?"

牧泽："用水一冲,它就掉了。"

肖妈妈："哇,听上去很神奇呀!如果时光倒流到刚剃完头回到家,你决定第一时间做什么?"

牧泽："洗澡。这样还可以少做一件事了。"

肖妈妈："嗯,宝贝又收获了宝贵的成长经验,这会帮助你把自己照顾得更好,太棒了。"

【朱教练思路讲解】

俗话说:"慈母多败儿。"其实,在现实生活中,有多数家长都会跟孩子做约定,但骨子里那份对孩子的心疼、担心,导致家长有时会首先会打破约定。这时候,孩子便会发现,约定可以不算数,只要撒撒娇、卖卖萌,父母都会听他的,因此他们并不看重约定。既然要约定,就要问问自己:"我这么做能让孩子学到什么?"家长温和而坚定的坚持,就能发现自己的每句话,只要说一遍就足够,同时还能赢得孩子的信赖,因为他知道妈妈说话算数、说到做到。

3.神奇的"启发式提问"

【微案例】

欣晨3岁多时,我和她有过这样一段对话:

我:"欣晨,我想我的妈妈了。"

欣晨转身抱住我,说:"妈妈,我下次带你去外婆家吧!"

我:"嗯嗯,还有什么办法帮助我呢?"

欣晨:"我帮你给外婆打电话、发视频吧!"

我:"嗯嗯,还有吗?"

欣晨:"我抱抱你吧!"

我:"嗯嗯,还有吗?"

欣晨:"我逗你开心吧!"

我："嗯嗯，还有吗？"

欣晨："我们邀请外婆来咱们家吧！"

我："嗯嗯，还有吗？"

欣晨："没有了。"

我抱着她，亲了亲："谢谢你，我的宝贝。你想到了这么多办法帮助妈妈，有你真好。"

【朱教练思路讲解】

正面管教里面有个工具叫"启发式提问"，是一个增进理解、解决问题、开启大脑宝藏的神器。通过这样的"启发式提问"对话，就能大大增强孩子独立思考和解决问题的能力，提升孩子的自信心和价值感。

4.自嘲大法扭转僵局

【微案例】

这一天，妈妈肖艳丽带着儿子牧泽去朋友家玩。朋友家有个女孩叫慧琪，比牧泽小，两个孩子在一起玩得很开心。回家时，牧泽还想跟小妹妹一起玩，肖妈妈没有答应，牧泽便产生了坏情绪。

牧泽："我就是想去慧琪家。"

肖妈妈："现在太晚了，我们周末的时候再去。"

牧泽有点伤心："等到周末，即使让我去，我也不去了。"

肖妈妈："宝贝，妈妈抱抱你好吗？"

牧泽："我不要你抱！"

肖妈妈重复了几次，牧泽都不愿让她靠近。

肖妈妈："等你心情平复的时候，你再来找我吧，我在阿姨家等你。"

牧泽："我才不要找你呢，我要远离你。"

肖妈妈觉得自己已经词穷，任何话都无法将牧泽的心情平复下来。于是，她决定让他单独待一会儿，自己也理一下思绪。

肖妈妈："当听到你说'我要远离你'这句话时，妈妈觉得很伤心。"

牧泽："我就是要远离你，你这个坏妈妈。"

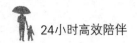

这时，肖妈妈突然想到游戏力里的装傻，于是蹲下身，平静但表情夸张地说："你再说要远离我，我就把这个门吃掉。"

牧泽开始有了反应，憋着想笑。

肖妈妈："你再说我是个坏妈妈，我就钻进这个下水道里去。"

牧泽终于没憋住，居然笑了，甚至还将鼻涕都笑出来了。

趁给他擦鼻涕的机会，肖妈妈一把抱住他："宝贝，妈妈抱抱好吗？"

牧泽没有反抗，然后拉着妈妈的手回家了。

【朱教练思路讲解】

孩子的情绪没有好坏，我们要全盘接收。游戏力养育思维告诉我们，当亲子关系陷入僵局时，要及时察觉；当亲子联结断裂时，要先把事情放一放，先重建联结，再处理事情。该案例中的肖妈妈通过自嘲装傻的方式，在关系好转时，进一步索要拥抱，彻底重建了亲子联结，问题自然也就容易解决了。

5.慢慢来，比较快

【微案例】

有一天，我老公临时决定第二天下午回老家。当天，我不得不临时加了一堂讲座课，晚上11点多才到家。

第二天一早起来，我觉得有点急、有点乱。因为今天下午就要回家了，很多东西都没收拾、没清洗、没购买。

平复好心情后，我对自己说：慢慢来，比较快；先做紧急的事情，再做重要的事情。

于是，我尽快搞完家里卫生，然后出门到图书馆给孩子换书，之后又去做了一个美甲，最后回家收拾东西。

【朱教练思路讲解】

越是慌乱，越要告诉自己"慢慢来，比较快"。先让自己的心情平复下来，再想想哪些是紧急的事、哪些是重要的事，制订好计划，一件一件完成。制订好人生规划，不仅可以完成许多貌似不可能的事，还能得到更多悠然自得的空闲时光。美好的人生终究都是规划的结果。

六、接孩子放学

1.接到孩子问什么

【微案例】

放学后，田田跟妈妈一起回家。回家的路上，他突然告诉妈妈，说小学一点也不好玩。

如果是以前，妈妈会问她哪里不好玩，强化孩子小学不好玩的信念。这一次，她却摸摸孩子的头表示理解，并问："国际跳棋课好玩吗？"

田田："好玩。"

妈妈："江知晓（她好朋友的名字）好玩吗？"

田田："好玩。"

妈妈："哈哈，你现在是什么感觉？"

田田："开心，学校里还有好玩的地方。"

【朱教练思路讲解】

关注负面，让人沮丧；关注正面，让人快乐。接孩子放学时，家长到底应该问什么？答案就是要用"可视化"的暗示，帮助孩子转移注意力；关注孩子的优点，让孩子的优点得到确认和发展。

2.妈妈接我更骄傲

【微案例】

下午，我去幼儿园接欣晨放学。一见面，她就说很饿，让我给她在路边的小吃店买点吃的。正好，我们路过一家包子店，她就挑了一个。

欣晨："妈妈，我先拿着，等到家了再吃啊！"

我："好的，你决定。"

欣晨："妈妈，这个包子多少钱？"

我："2元。"

欣晨："2元，不贵。"

我："哦？那多少钱算贵？"

欣晨："100元，贵。"

我："哦，2元不贵。那3元，贵吗？"

欣晨想了想，斩钉截铁地说："3元，贵。"

我突然觉得很有趣，孩子也慢慢建立了"数"和"量"的概念以及"金钱逻辑"。

之后，经过一家卖板栗的店，我想起那天欣悦说想吃板栗，就买了一些，店员还送给欣晨一个裹了糖的山楂。

我问她："味道怎么样？"

欣晨夸张地边舔边说："这真是世界上最好吃的零食了。太好吃了！"

一个小女孩边走边盯着她看，欣晨感到非常得意："妈妈，那个小女孩，她妈妈怎么不给她买吃的呀？"

我："哦？你此刻是什么心情？"

欣晨掩饰不住自己的骄傲心情："搞笑！哈哈……"那一刻，我想起了《最美》中的一句歌词："走在街中人们都在看我，羡慕我的身旁有你依偎。"

我们走了一段，坐下来休息。

我："欣晨，刚才的那个小女孩，你觉得她妈妈爱她吗？"

欣晨："不爱。"

我："你觉得妈妈爱你吗？"

欣晨："爱。"

我："哦，你是怎么发现的？"

欣晨："妈妈给我买好吃的，就是爱我。"

我："哦，当妈妈给你买好吃的东西时候，你觉得妈妈很爱你。那如果哪天妈妈没有给你买好吃的，你觉得妈妈爱你吗？"

欣晨斩钉截铁地说："不爱了。"

我："咦，妈妈突然想起拐骗小孩的人，他们最爱给小朋友送东西吃了，不是棒棒糖，就是蛋糕，或者是冰激凌。小朋友只要吃了他的东西，他就会把小孩抱走。你觉得他们爱小孩吗？"

欣晨："不爱。"

我："嗯，那当妈妈抱着你的时候，和你一起聊天的时候，抚摸你的头的时候，亲你的时候，跟你说'妈妈爱你'的时候，你觉得妈妈爱你吗？"

欣晨："爱。"

我："哦。我明白了。你的意思是说：家人，不管什么时候，一直都会很爱你，这和买不买东西没有关系。同时，在你饿的时候，如果我能倾听你的心声、满足你的愿望，给你买点吃的，你就会觉得开心，因为被满足的感觉很幸福，对吗？"

她忽闪着眼睛，一边吃一边跟我聊着天："是呀，就是这样的。"

【朱教练思路讲解】

有时候说什么不重要，感受话语背后的情绪才是更重要的。要想跟孩子打开畅聊之门，就需要全情投入，认真倾听，换位思考，孩子说的每一句话都值得被听到和回应。家长选择性地听孩子讲话，自己觉得重要的就回应一下，不重要的就思想开小差想自己的事情，孩子很快就会发现，一旦意识到这一点，他们就会立刻终止跟你的沟通。家长如果能把握住可教时刻，影响力的效果就能事半功倍。如果发现孩子价值观的偏颇之处，要注意借用孩子能接受的方式及时对孩子进行微调。

3.亲近自然好时光

【微案例】

一天放学后，我骑车带欣晨去游泳馆游泳。经过一段路，两边种满了深圳市花——勒杜鹃。风轻轻一吹，那些玫红的花叶又是点头，又是招手，显得热情洋溢。

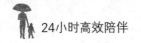

我："欣晨，你看到路边那些玫红色的花叶了吗？"

欣晨很开心地回答："看到了。"

我："它们在跟咱们招手、点头微笑呢！你仔细听一听，它们在说什么？"

欣晨："妈妈，植物不会说话。"

我："其实，它们也有自己的语言，只是我们听不懂。妈妈每次经过这里的时候都会用心感受，慢慢地就能听懂它们在说什么了。"

欣晨很好奇。

我："它们现在正热情地跟咱们打招呼呢！"

欣晨听得入神，忍不住伸出手想要摸摸它们："嘿，你们好呀，好开心又见到你们了。这个可爱的小宝宝，是你的孩子吗？小宝贝你好，欢迎你和妈妈一起来看我们，我们太开心了。欢迎你下次还来看我们。"

下坡时，路上的车有点多，大家开得都很慢。我慢慢靠边，让欣晨和花叶们握握手。她突然告诉我："妈妈，我也能听懂它们说话了。"然后，欣晨还冲它们发出了一连串的声音。

我很好奇："你在干啥？"

她得意地回答："我在跟她们对话，用它们的语言。"

我："哇，对哦。我怎么就没想到这种办法呢？我也要跟它们对话。"然后，我也开始发出奇怪的语言。

之后，我们路过立交桥。她突然说："妈妈，你看到路边玫红色的花叶了吗？"

我："嗯。"哈哈，这句话好耳熟啊！

欣晨："你看，它们又在跟我们打招呼了。"

我："是哦，它们在说什么呀？"

欣晨："它们说：'又看到可爱的小宝贝了，欣晨你好，妈妈你好。"

我："哇，花叶们，你们好。我和欣晨宝贝都爱你们。"

"啵。"欣晨给它们递过去一个飞吻。

我："哇，我听到一个'啵'的声音，你太爱它们了，忍不住亲了它们一下，对吗？"

欣晨："对呀！"

我："我听到它们说：'谢谢，谢谢你欣晨，好喜欢你的亲亲呀！'被爱的感觉真幸福呀！"

欣晨："妈妈，我还要多亲亲它们。"然后，她亲了一路，直到完全看不见那些花叶。

路上，欣晨吃完了一整块面包，把袋子的一端握在手里。见此状，我不信任地说了一句："袋子可不能乱丢哦！"

欣晨立刻有些生气地反驳道："我没想把它扔了。"

我突然感到有些惭愧，立刻说："对不起，我以为你要直接丢了呢！那袋子的家在哪里呢？"

欣晨干脆地回答道："垃圾桶里。"

很快，我们就看到了一个垃圾桶。我把车停到旁边，欣晨小心翼翼地把袋子放了进去。

我说："我们跟袋子说拜拜吧！"

欣晨开心地说了声拜拜。

我继续说："打扫卫生的叔叔阿姨说：'谢谢你，垃圾送进垃圾桶，地面上干净多了，我们的工作也轻松多了。'路人也说：'小朋友，谢谢你，垃圾送进垃圾桶，我们的生活环境更加干净美丽了，真好。'地球也接着说：'欣晨，谢谢你。因为你的……'"

【朱教练思路讲解】

很多人觉得抽半天一天时间，陪孩子去公园转转，才叫亲近自然。其实，自然包含了地球上的所有生物和非生物，植物、动物、天文、气象等，都属于自然。接孩子放学回家的路上，是特别美妙的一段放松时光，一天的事情告一段落，不太赶时间，就可以通过和自然对话的方式，促进孩子

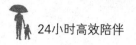

和自然的感情、察觉以及思想表达。有时候，也可以跟孩子牵着手在路边花坛带上走平衡，观察蚂蚁搬家，找到最美的一朵花拍照，赞叹自然的奇特，用一个成语形容一株植物……不过，在还没搞清楚状况之前，发言很可能是草率的，要更多地相信孩子的善意。

4.作业计划聊一聊

【微案例】

一天下午，我刚好有空，就去接欣悦放学。路上，我们讨论了接下来的安排，以及学校里发生的趣事。

我："现在距离上钢琴课还有半个小时，你想先去前面做会儿作业，还是去钢琴店给妈妈弹两首你最喜欢的曲子？你来决定。"

欣悦："妈妈，你为什么要听我弹琴？"

我："因为妈妈已经好久好久没听过你弹琴了，我都忘了你弹琴时是什么样子了。实在是太喜欢了。"

欣悦："妈妈，那我们把书包放在保安厅吧！"

我："所以，你的决定是先弹琴给妈妈听？"

欣悦："妈妈，我们先回家休息一会儿吧！"

我："哈哈，没有时间回去了，我把钢琴书都带下来了。你搂着妈妈，在小电驴的背上休息一会儿吧！"

到了保安厅，我再次跟她确认："现在还有一点时间，你是带上作业先写作业，还是给妈妈弹两首喜欢的曲子？你来决定。"

欣悦："好吧。去弹曲子。"

我："好的，小电驴，驾，出发。"

路上，我们又开始聊天。

欣悦："妈妈，我们明天期中考试，我3门课的成绩加起来要考298分以上。"

我："哦？这是你的目标。"

欣悦："对呀，老师说了，3门课的成绩在298分以上的同学，就可以当监考员，还可以给全班发试卷，还可以坐在老师旁边的讲台上考试……那可是最高的地位……"

我："哇，还有这样的待遇？听上去就很酷呀！"

欣悦："当然了。我一定要得到。"

我："哈哈，好吧，加油吧，妈妈相信你是可以的。"

欣悦："对了，妈妈还有个疑问：如果班上有好几个人都考298分以上呢？"

欣悦："简单，抽签决定。"

我："那298分、299分、300分都是属于老师说的入选监考员范围内的分数，怎么抽签呀？一样吗？"

欣悦："不是，分开抽。298分的一起抽，299分的一起抽，300分的一起抽。"

我："哦，听上去也挺复杂的。好吧，回去后，你的作业计划是……？"

欣悦："先陪妹妹看一集《迷你特工队》，然后做作业。"

我："不错，不错，都计划得妥妥的了。如果你需要妈妈的帮助，到时过来告诉我啊！"

【朱教练思路讲解】

沟通与倾听，是高质量陪伴孩子过程中极好的工具。关系先于教育，亲子之间建立了良好的关系，才能提高影响力。在放学接娃路上的美妙时光，走走停停，认真交流，仔细观察，就可以加固情感联结，推动孩子小踏步成长。当然，提前沟通好接下来的安排，对于彼此而言，接下来的时光体验都会更好。

5.同学有矛盾，修复错误三步骤

【微案例】

放学回到家后，欣悦伤心地说："同桌说我是个小偷，再也不跟我玩了。"原来，前两天她借了同桌的橡皮，用完后忘了及时还，今天同桌找她要，可她却怎么也都找不到了。同学认为她想据为己有，故意不还。

我："被同学冤枉，如果是我，也会非常难过。你当时一定伤心极了，来，妈妈抱抱。"

我张开双臂将欣悦搂进怀里，用手温柔地抚摸着她的头，她忍不住又在我怀里哭了好一会儿。

我："你现在感觉好一些了吗？"

欣悦："好一些了。"

我："嗯，你接下来决定怎么做？需要妈妈陪你一起想想解决办法吗？"

欣悦："我不知道，他那么说我，我都不想跟他道歉了。"

我继续温柔地摸摸她的头，说："哦，你原来是准备跟他道歉的，却被冤枉了，你感到很伤心，现在就不想跟他道歉了。妈妈理解你的心情。"

欣悦不说话。

我："妈妈感到很好奇，如果有人借了你的橡皮忘了还了，你会怎么做呢？"

欣悦："我会跟他说：'请你把橡皮还给我。'"

我："嗯，你会很礼貌地表达你的想法。我听了也觉得很舒服。那么，如果是那个小朋友找不到了呢？"

欣悦："那我也不会说他是小偷，我会说：'你肯定不是故意弄丢的，下午你重新买一块还给我吧。'"

我："哦，相信对方不是故意的，并告诉对方你能接受的弥补方案。你能够理性、清晰地表达自己的想法，真的很了不起哦！你觉得同桌为什么会那么说我们？咱们还要不要给同桌重新买一块橡皮呢？"

欣悦："他肯定是觉得我喜欢他的橡皮，不想还，想留着自己用，我可从没那么想过。"

我："是的，妈妈相信你。那我们是希望误解一直留在那里，还是表达出来化解误会呢？"

欣悦："化解吧。下午上学的时候，妈妈陪我买一块橡皮，还给他。"

我："嗯，好呀。你要不要把你的委屈也告诉他？"

欣悦:"要,我把橡皮还给他,说完'谢谢',再跟他说:'上午你那样说我,我特别伤心。我忘了及时把橡皮还给你,还弄丢了,是我不对,我向你道歉。但我从没想过不还你,也希望你以后不要再随意冤枉人了'。"

我:"哇,我的宝贝说得比妈妈还要好呢!真了不起。错误是学习的好机会,相信通过这个事件,我们都学到了更多成长经验。"

欣悦:"是的,妈妈。我学到了用完就把橡皮放回文具盒保管好,别再弄丢了。下次借同学东西,用完要及时归还。"

我:"是的,这些都是宝贵的成长财富,而且宝贝还详细地思考并练习了倾听他人、表达自己,这是很重要的沟通技能呢!"

欣悦骄傲地笑了起来。

【朱教练思路讲解】

解决问题之前,首先就要进行情感联系。调频一致,才能畅通无阻地进行沟通。在成长过程中,每个人都会犯错,但这个过程却能帮助我们吸取经验,成长得更好。所以要让孩子正确看待错误,区分清楚:我只是犯了一个错误,而非我是一个错误。犯错了,只要让孩子及时改正并吸取经验教训就行,不能为了让孩子记住教训就批评、打骂孩子。

从错误中修复的步骤如下:首先,放松且接纳地告诉自己:"哦,我犯了一个错误";其次,让孩子进行语言道歉、行为道歉或处理问题;最后,吸取经验教训,增长经验、感悟和成长等。相信按照这样的步骤修复错误,孩子就能感觉更好,并提升应对问题的自信和能力。

6.被老师投诉了怎么办

【微案例】

下班路上,我收到欣晨班主任发来的信息,说欣晨白天在学校的表现情况,批评了她上课说话、排队说话的行为。老师希望我和孩子沟通一下,促进课堂纪律。

回到家,我和欣晨一起玩起了服装搭配的游戏,顺便闲侃道:"今天在幼儿园有什么特别的事情发生吗?"

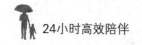

欣晨想了想，说："没有。"

我开门见山："今天被廖老师批评了？"她点点头。

我："被老师批评，你一定很难过吧！"欣晨又点了点头。

我把她抱在怀里，过了一会儿后问她："你现在感觉好一些了吗？"她又点点头。

我："能跟妈妈说说发生了什么吗？"

欣晨："上课说话，排队不认真。"

我："原来是这样呀！妈妈很在意你的感受，希望你在幼儿园开开心心的，又能学到很多本领。"

我摸摸她的头，继续问："我们来想一下，明天去幼儿园可以做些什么，既能保证玩得开心，又避免被老师批评呢？"说着，我伸出一个手指头，准备帮她数她即将想到的办法。

欣晨想了想，说："好好上课。"——1（我伸出1根手指）

"乖一点儿。"——2

"排队的时候，不能推。"——3

"不能扯小朋友的衣服。"——4

"不能咬人。"——5

"不能打人。"——6

"要好好排队。"——7

"排队的时候，不能说话。"——8

"上课的时候，也不能说话。"——9

"要有礼貌。"——10

欣晨一口气说出了10个办法。

我摸摸她的小脑袋："哇，我的宝贝，一下子就想出了1、2、3、4、5、6、7、8、9、10，这么多办法呀！"

我："妈妈还想问，下课的时候可以说话吗？"

欣晨："可以。"

我："嗯，好的。你可以将想说的话留到下课再说；也可以回家和妈妈聊，妈妈很喜欢和你聊天呢！廖老师说下课的时候，她也喜欢和你聊天。同时，妈妈相信，你将这些办法都做到了，就不会被老师批评了，还能在幼儿园玩得更开心。"

欣晨开心地笑了。

晚上，欣悦去洗澡，喊着："妈妈，你在门外跟我聊天好不好？一个人洗澡好无聊呀，你陪我聊天。"

我开心地应和着："来喽。"

【朱教练思路讲解】

遇到老师投诉时，家长如果直接接过老师的情绪，抛给孩子，这种方法并不利于问题的解决，还有可能让孩子感觉更加孤立无援，认为老师和家长都是一伙的。不要不假思索地一刀切，首先要让孩子信任你。同时，要多思考一下，问题的正面负面各是什么？比如，上课说话，坏处是影响课堂纪律，好处是说明孩子表达欲很强。

所以，要分开来跟孩子讨论。可以按照这样的思路来进行：首先，值得肯定的是孩子的个人的表达能力非常重要，现在有很强的表达欲望是好事，值得鼓励。同时，要让孩子明白课堂纪律不仅是良好学习环境的前提，也是对老师和同学的尊重，需要每个人的维护。其次，和孩子一起来想个既能提高孩子的表达能力，又能尊重课堂纪律的办法，比如下课再说、报口才班、先记下来等。

7.放下手机，用心陪伴

【微案例】

最近，妈妈肖伊人一直都忙着自己的学习和工作，几乎没有认真陪伴过孩子。大部分时间，孩子都是和爷爷奶奶玩。一天早上，她突然意识到一个问题：家里所有人包括她，陪孩子的时候手上都没离开过手机，怪不得有时候孩子和爷爷奶奶玩着玩着就会哭着来找她了，因为他觉得自己被忽视了。

这个意识让肖妈妈感到害怕，如果孩子长期在这种环境中成长，会怎

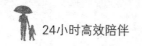

样呢? 难道我们就不能丢开手机认真陪伴孩子吗?

当天下午, 肖妈妈特意放下工作, 丢开手机, 陪牧泽玩了一个半小时。她发现这么做其实并不难, 自己还会想各种办法在游戏中引导孩子思考、表达。如果手上有手机, 就没心情做这些了。

有了肖妈妈的用心陪伴, 牧泽也很开心、很满足。

牧泽会时不时地过来抱抱她说: "妈妈, 我爱你。" 之后的时间里, 牧泽也是无比开心, 无比乖巧。

【朱教练思路讲解】

陪伴是最长情的告白, 但很多人却把 "陪伴" 理解成了 "陪着"。陪伴是人在、心在、全身心陪伴孩子的过程。可很多人在现实中却是: 吃饭的时候, 想着工作; 工作的时候, 想着孩子; 陪孩子的时候, 又担心工作……于是, 吃过的饭, 不记得是什么味儿; 工作的进度, 迟迟跟不上; 孩子总黏着自己, 好像永远缺少爱……

我们经常觉得时间不够用, 力不从心, 天天很忙, 却貌似什么都没做好。问题很可能出现在不够专注上。所以, 要尝试专注, 专注当下每一件事, 一次只做一件事, 做好这件事。工作的时候, 全情投入; 吃饭的时候, 让脑子放空, 好好感受饭菜的美味; 跟孩子们游戏的时候, 比孩子还要孩子。

8.打球越来越有信心

【微案例】

一天, 我和欣悦去楼顶打球。

我们一起约定了更有趣的规则——羽毛球规则 + 足球规则。如果球掉进对方身后的护栏里, 进球加分。同时, 我们还对中间的界限做了更明确的约定, 球在谁的界限那一边, 谁就负责发球。

界限处有个洞, 羽毛球一旦掉进去, 很难被发现。于是, 欣悦说: "把球打进这个小洞, 就加 2 分。"

确定了这些规则, 不管球怎么打, 都是开心的、有趣的。

不一会儿，便吸引来了很多小朋友。

有个 5 岁的小朋友说她也会打，欣悦就答应跟她打一会儿。

欣悦发出去的球，小朋友都接不住，也不会发球。

欣悦对着我调侃道："妈妈，她就像刚学羽毛球时的我。"

我笑着回答："是啊，现在的你已经进步很多了。"

欣悦自信地继续说："是的，现在你发的球，我有 2/3 都能接到了。"

我："我也为你感到高兴，你确实一天比一天厉害了。现在你发出的球，妈妈都已经接不住了，而且时不时地都会发出一个'好球'呢！"

欣悦开心极了。

【朱教练思路讲解】

一个人的自信和成就感就是这样一点点培养出来的。羽毛球不好学，发球难发出去，孩子会觉得比较受挫；能不能碰到过来的球，对孩子来说也是挑战。刚开始陪孩子打羽毛球，不要评价负面的，要多关注孩子做得好的，鼓励孩子的小进步，对于孩子的坚持和兴趣都会很有帮助。保护兴趣，培养持续的兴趣，孩子就会越来越喜欢打羽毛球，进步也会越来越快。

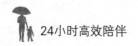

第七章 "温馨甜蜜"的团聚时光

一、迷恋电子设备

1.夺走平板电脑后，爱也不见了

【微案例】

这一天，儿子明远来找妈妈刘文丽申请："妈妈，我想玩一会儿平板电脑。"

刘妈妈问："这样呀，你今天的作业是怎么安排的？"

明远继续恳求："我看完就写，好吗？"

刘妈妈答应了他的提议："好的，妈妈相信你。"

可是，玩的时间过了，明远还是不愿意收。刘妈妈没收了孩子的平板电脑，表情不太好，虽然没有言语上的攻击。

明远突然爆发了："妈妈，你不爱我了，你不喜欢我了。我知道，我就知道，你觉得我不好。"

刘妈妈发现自己的心就像被针扎了一样。一直以来，她对孩子的高期望都被孩子看在眼里记在心里，对他造成了严重的伤害。

刘妈妈眼里含着泪，抱着明远，说："儿子，妈妈爱你。无论什么时候，无论你是否优秀，无论你怎么样，妈妈永远永远的爱着你。"然后，刘妈妈又重复了一遍。

明远瞬间舒展开来，绷紧的身体放松下来，脸上洋溢着幸福的笑容：

"妈妈，我们去做作业吧，做完了我们下楼散散步。"

"好。"母子俩就此约定好。

【朱教练思路讲解】

记录下来今天的场景，慢慢放下控制，对孩子抱有合理的期待，全然相信和接纳孩子，才会遇见更好的自己。新时代的孩子是移动互联网时代的原住民，不可能跟电子产品隔离开，要想避免沉迷，家长要做引领者、时间的把控者，把他们引向手机之外更有趣的游戏和学习，获取亲子陪伴的满足感。

2.感觉好时，作业也更配合

【微案例】

晚上冲完凉，儿子说想要看电视，因为晚饭前看了半个小时，所以妈妈肖艳丽没有立刻答应他。

肖妈妈："我们除了看电视，还可以做什么？"

牧泽："我什么都不可以做，什么都不想做，我只想看电视。"

肖妈妈没有理会，他继续忙着自己的事情。

牧泽开始游说："妈妈，求求你给我看一会儿电视吧！我只看到妈妈冲完凉，我就关掉电视。我不想玩玩具，没有爸爸妈妈陪我，感觉好孤单。妈妈，看电视也可以学到知识的。"

原计划洗完澡就要写作业，想着没有心情再写作业，他也不配合，于是肖妈妈打开了电视机。

牧泽开心地说："妈妈，你怎么突然把电视机打开了？"

肖妈妈："因为宝贝说看电视也可以学到知识，我觉得你说得挺有道理。当然，我们还要遵守之前的约定，妈妈冲完凉出来你就要关电视。"

牧泽："好的，妈妈。"

肖妈妈冲完凉，儿子自觉地把电视给关了。爸爸回来，儿子就开始和他玩商店的游戏。

肖妈妈提醒："宝贝，写作业的时间到了。"

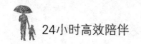

牧泽立刻坐回桌子上，对爸爸说："原来写作业也很有趣。"很快他就认真地完成了作业。

【朱教练思路讲解】

感觉好才能做得好。如果一开始肖妈妈就不同意他看电视，到写作业的时候，孩子肯定会拖拖拉拉，最后自己受不了就会爆发，也许还会引发更严重的结果，即孩子越来越不爱学习。

3.比电视更有趣的，是爸妈陪我玩游戏

【微案例】

淘宝在和好朋友微信聊天时得知，好朋友最近在看爆兽战龙之类的动画片，淘宝的兴趣也被点燃了，这两天总是想把这部动画片看完。妈妈庄伟不太喜欢这种类型的动画片，而且认为看得太久对眼睛也不好。

庄妈妈尝试过一些方法，严厉的，说道理的，按规定的，但都没有太大的效果。

淘宝："动画片实在是太好看了。妈妈，你小时候也很喜欢看动画片，对不对？"庄妈妈突然感到很无语。

庄妈妈不甘心，积极寻找游戏方法。比如倒数游戏，即让孩子自己倒数，孩子乱数一通，就会把注意力转移开来。再如，把孩子的裤子或衣服套在自己的头上，同时说："如果你再看，就完了。哈哈……"

用了这样有趣的游戏方法之后，孩子竟然自己就把电视机关掉了，开心地和妈妈玩了起来。

【朱教练思路讲解】

玩游戏，确实可以将孩子的注意力从电子设备中转移开来。这时候，玩什么游戏是次要的，家长愿意全身心地陪孩子玩，孩子才会买单。我们都有过迷上某个电视剧的体验，一旦迷上，通宵达旦，无法自拔，更何况是孩子。所以，避免电视争宠，最好的办法就是多花点时间陪陪孩子，培养孩子两三个兴趣，无聊时也能自娱自乐。

4.电视迷妈妈

【微案例】

晚上，我们都早早地做完了自己的事情，决定看电影《头脑特工队》。但由于播放没成功，我们便看了《银河补习班》，也是个教育类的好电影。

大人看电视的时候，姐妹俩在面前的玻璃桌上做手工。

欣悦一会儿做出个水晶泥，一会儿又做一个不同色的……欣晨也跟着忙个不停，调和着各种颜料。后来，她们还制作了一个化妆棒，摆弄出一些不同颜色的色块，比画着给我化妆。

看电视时，我一般会很容易投入情节中，处于忘我状态，忘记身份，忘掉自己。眼看已经到了关键剧情，欣悦一不小心挡住了我。我一着急，大喊："让开。"

欣悦让开，转身在我脸上左手一拳，右手一拳。虽然打得不是很用力，也戳到了我的眼睛。

突如其来的冒犯，让我很生气："你戳我眼睛干吗？"

欣悦感受到了我的愤怒情绪，恶狠狠地用眼睛瞪着我。

我突然意识到自己的情绪，快速把她拉到怀里，紧紧地抱住了她。她拼命挣脱，说不要我抱。

我不放手，说："妈妈刚才突然被戳到，眼睛好疼，好害怕瞎了以后就再也看不到你了，这太可怕了。"她仍然恨恨地瞪着我。

我说："还记得那个游戏吗？"我指着她的胳膊，说："这是我的大腿。我们能不能真实地表达我们的爱呀？来吧，我想感受到你的爱。"

欣悦仍然有情绪，但情绪明显有了好转，仍然要求："放开我。"

我坚持将她抱在怀里。她突然说："不是说好给我5分钟吗？"

我突然想起之前做过的约定：当她情绪不好时，给她5分钟的独处时间，她会自己调节情绪。于是，我说："对哦。5分钟后你就出来，出来的时候抱抱妈妈，好吗？"

欣悦说："好。"然后，她转头跑进了我们的房间。

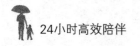

5分钟后，欣悦愉快地出来了，并温柔地抱了抱我。

【朱教练思路讲解】

对电子设备的迷恋，不仅仅是孩子的烦恼，也常常让大人感到非常困扰。看电视，确实会让人茶不思饭不想，上厕所都觉得是在浪费时间。如何克制自己尽量不看电视呢？方法很简单：忙到没空看。建议大家从小培养孩子两三个兴趣爱好，让孩子亲近大自然，热爱运动，具备自娱自乐的能力，固定时间高质量地陪伴孩子等，让孩子远离电子设备。

5.戒掉电视瘾，我需要帮助

【微案例】

这两天，好不容易把《如果可以这样爱》这部剧追完了。看完最后一集，我挣扎着带着欣晨进房间午休。

在被窝里，我抱着她，伤心地说："宝贝，你快救救我呀，我看电视上瘾了。"她关切地看着我。

我拉着她的一只手，说："宝贝，你摸着我的心，它上瘾了，看电视上瘾。再严重下去，我就得被送到戒瘾所了。"

欣晨摸着我的心，说："妈妈，我不知道怎么帮你。"

我："我们一起想想看，肯定有办法救我。妈妈需要你的帮助，妈妈又看太长时间的电视，你可以怎么提醒我呢？"

欣晨："我跟你说，看电视的时间超过30分钟了。"

我："好，你发现我看电视时间长了，就走到我面前说：'妈妈，你看电视到30分钟了'。"

欣晨："好的，妈妈。"

我："那我们来练习一下吧。假装我现在看了很长时间的电视，你走过来提醒我。"

欣晨："妈妈，你看电视的时间到30分钟了。"

我："哦，好的，谢谢宝贝的提醒。对，就是这样，咱们再来练习一次吧。"

欣晨："妈妈，你看电视的时间超过30分钟了。"

我："哦，好的，谢谢你提醒我。我们去玩游戏吧。对，就是这样，咱们再来练习一次吧！"

欣晨："妈妈，你看电视的时间超过 30 分钟了。"

我："好嘞，知道了。哎呀，如果我还想看，说怎么办呢？你还可以怎么提醒妈妈？"

欣晨："妈妈，你上瘾了。"

我："啊，我上瘾了，不要呀，救命呀，我再也不敢看了。"我赶紧藏进她怀里，她紧紧地抱住了我。

我："好的，那咱们就这样。第一次，你提醒我说'妈妈，你看电视的时间超过 30 分钟了'。如果我还在看的话，你就再提醒我说'妈妈，你上瘾了'。"她温柔地点点头，说："好的。"

我紧紧地抱住了她："谢谢你，我的欣晨，谢谢你愿意帮助妈妈。妈妈太需要你的帮助了，相信你想到的办法一定可以帮助我。我不看电视了，我要和你一起玩游戏、运动、学习……"

然后，我们拥抱着进入了梦乡。

【朱教练思路讲解】

向孩子寻求帮助，提前约定，孩子只要提醒，你就不会烦躁了。孩子也是这样，这是人性。孩子在帮助你的同时，也会更深刻地认识到成瘾的危害，并在助人的过程中发现更多自主的力量。

二、家庭作业的困惑

1.和问题一起面对孩子，还是和孩子一起面对问题
【微案例】

一天早上，田田告诉妈妈付婷，她放在书包里的作业找不到了。如果这件事发生在以前，付妈妈都会有些生气，这次她决定跟孩子一起面对问

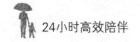

题，于是她就和孩子一起找作业。田田没有受到妈妈的责怪，心情很好，不一会儿就找到了作业，然后愉快地做作业去了。

晚上辅导孩子作业，看着试卷上的错题，付妈妈有点不高兴。尤其是当她发现早上刚给田田讲过的"日积月累"连线错误，她终于忍无可忍，开始了各种批评指责。

看着田田委屈的小脸，付妈妈突然意识到，此刻自己肆意发泄的情绪，可能会给孩子带来很多错误的观念，比如，"我不够好""我就是做不好""我什么都做不好""妈妈不爱我""我不重要""没人在意我的感受""我想要离开这个没有温暖的家"……

这些念头在付妈妈的脑子里一闪而过，她的声音迅速柔和了下来，然后跟孩子道了歉，说出了自己的悲伤，并拥抱了她。孩子哭个不停，终于将坏情绪宣泄了出来。

很快，一切都开始好转，孩子做作业也积极了很多。

【朱教练思路讲解】

对于很多孩子来说，学习就是一个苦差事，不仅要应对老师、家长，还要应对学校作业、早教作业、兴趣班作业等，如果他们心不甘情不愿，效率就会很低。为了孩子更好地成长，我们必须逐渐调整自己。要跟孩子站在一起，给他们理解、支持和陪伴，把老师的要求和作业各个击破。如此，就能让孩子的内心更有力量，行动更有效率。

2.避免负面标签，慢慢来比较快

【微案例】

一天上午，妈妈李雪和萱宝一起做练习册。

做数学题时，萱宝有些畏难，结果做了半页就跑到一边，跟爸爸玩去了。

李妈妈在意识到自己产生了不对的情绪之后，立刻不再要求萱宝学习，而是让她去玩，自己则静下心来看书，同时思考"我应该怎样做才对"。

从上午11点到下午2点多，萱宝时不时地跑回来看看妈妈，然后又跑开了。李妈妈知道她是在试探，索性就彻底放松下来，悠闲地看自己的书。

后来，萱宝自己玩无聊了，就来找妈妈玩。

李妈妈："谢谢你愿意来找妈妈了，来，让妈妈抱抱！"然后，李妈妈不仅亲了她，还告诉她，她爱她。最后，问她："我们今天还有哪些事情要做，一起来做个计划吧！"

萱宝立刻回答："数学练习册、练功、录绘本。"

李妈妈："哦，这3件事情，你是如何计划的呢？"

萱宝："我现在就做，每做完一件事，妈妈陪我玩10分钟。"

李妈妈："好！试着静下心来认真投入地去做，相信你很快就能做完。"她开心地拿起练习册，认真地做了起来，不到15分钟时间就完成了。后面的内容，按照她的计划，完成得既开心又迅速。

晚上睡觉时，我抱着她，问："今天，宝贝玩得开心吗？"

萱宝："很开心。"

李妈妈："妈妈也很开心，希望我们每天都玩得尽兴。同时，妈妈看到你今天用很短的时间就做完了每天要做的事情，效率很高哦！玩得开心、学得愉快的感觉真好。"

萱宝很开心，抱着李妈妈说："今天真高兴。"然后，美美地睡着了。

【朱教练思路讲解】

鼓励的话语比催促和批评更有力量。为人父母，时常想想自己小时候的感受，就能更好地和孩子的心灵联结。作业只是一个事件，孩子是开心面对、赢得合作，还是对抗？影响最大的因素是人性。我们希望赢得孩子的合作，希望他们按我们的思维来，他凭什么要听我们的？先满足了孩子按照自己的想法玩的人性，他们才能更容易地满足我们的事性。所以，玩得开心、学得愉快，才是人性和事性的双向共赢。

3.花时间训练孩子

【微案例】

老公给田田出了一道数学题，田田便跑过来向妈妈付婷求助。

付妈妈鼓励田田："再试一次。"

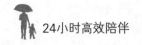

田田坚持："我不会，妈妈帮我。"

付妈妈："现在时间很充裕，不着急完成，耐心一点，再试一次。都是爸爸给你讲过的内容，妈妈相信你一定能做出来。"

过了一会儿，田田欣喜地宣布："妈妈我做出来了。"

付妈妈："你自己写出来了，感觉如何？"

田田："我觉得很开心，其实挺容易的。"

看着田田高兴的样子，为了增加她的自信心，付妈妈立刻鼓励了她的努力："是啊，本来以为很难，但最终静下心来，通过自己的努力做出来了。现在，你一定为自己感到骄傲吧？"

【朱教练思路讲解】

孩子不可能天生就如父母一样经验丰富，当他们遇到困难的时候，会缺乏信心，感到无助，此时父母要给孩子信心和力量，不能着急，要慢慢来。孩子能够通过自己的努力完成挑战，就能获得花钱也买不到的开心和成就。父母带着耐心、爱和信任，帮孩子看到自己的能力，他们就会觉得自己比想象中的自己更加优秀。

4.给孩子自由自主自愿的空间

【微案例】

一天，妈妈陪浩哥做作业的时候，遇到一个问题："戴"的部首是什么？他写了"一横"，我查字典上确认不是这个部首，再次问他："咦，这个'戴'字的部首是什么呀？给你，要不要查一下字典？"

浩哥一把拿过字典："我最会查字典了，看我的。"

妈妈："我想建议你，如果认识这个字，可以使用拼音查字法。"

浩哥："我有办法。"他查了部首"一"，没找到。

妈妈："试试拼音查字法吧！"

浩哥："我还有办法。"他想了想，又开始查"戈左边加十"，也就是戴上面的部首，还是没查到。

妈妈："试试拼音查字法呗。"

他又翻了好一会儿，说："我又想到了一个好办法。"于是，又开始找部首"戈"，然后找到了这个"戴"字，翻进去查看，果然是"戈"部。

妈妈："嗯，你通过思考并反复实验，最终找到了解决问题的办法。"

浩哥听着很开心。

妈妈："给爱思考、勤实践的你，点赞！"

浩哥："对呀，我就说我可以自己找到解决办法的。"

妈妈："是的。你确实做到了。同时，你听到妈妈说什么了吗？"

浩哥："我不想听你的，我自己有办法解决。"

妈妈："哦，好吧。尊重你的决定。妈妈只是想着，我们可以互相分享更多的解决办法，提升作业效率。我自己的方式是：不知道部首是什么的时候，拼音查字法，或许会更快。"

浩哥仍有些对抗。

妈妈微笑着摸摸他的头，说："等你想试的时候，咱们再来看看，或许你自己就能找到更快捷的解决办法，帮助你更快更好地完成作业。"

【朱教练思路讲解】

孩子需要自由和空间，尝试按照自己的想法行动。允许孩子试错或按照自己的节奏、想法来实践，也是对孩子的一种鼓励。有时候，我们会因为心疼孩子，而忍不住伸手帮忙，如果孩子不接受，执意要按自己的想法来做时，千万不要觉得他们不听话，一定是先喜欢自己的思想，实践后，再一点点接纳尝试更多的思想。看到孩子自身的成长，及时恰到好处的鼓励，也是对孩子成长的支持。在很多经验和能力方面，我们确实比孩子更具优势，但这些经验是经年累月形成的。孩子在成长过程中，这些学习积累无法一步到位，而是先完成一项，然后再一步步趋近完美。

5.情绪积极暂停，寻找问题根源，关注解决办法
【微案例】

晚饭前，妈妈肖艳丽跟牧泽商量，先把 PEG 完成，再去公园玩，但他似乎把作业忘了，只想着去公园玩。半小时过去，引导讲道理没用，最后

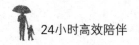

肖妈妈爆发了。生气过后，她一屁股坐到了沙发上，自己冷静地深呼吸几次，开始寻找问题的根源。

今天的 PEG 确实是有点难，这可能是导致牧泽不想写作业的原因。同时，肖妈妈告诉自己，他只有 4 岁，喜欢玩是这个年龄段孩子的天性，是自己太心急了。

牧泽在房间说："知识宝宝离我越来越远了。"肖妈妈听到，觉得他有些挫败。

肖妈妈："宝贝，你出来。"

牧泽："妈妈心情平静了，我才敢靠近。"

肖妈妈："我的心情已经平静了。"

牧泽跑过来，搂着妈妈的脖子，放声大哭。肖妈妈抱住他，拍了拍他的背，直到他的情绪平复下来。

肖妈妈："宝贝，你觉得知识宝宝离你越来越远了？"

牧泽："嗯。"

肖妈妈："其实，知识宝宝一直都在，我们现在来背一下 PEG？"

牧泽坐在妈妈腿上。妈妈问一个他答一个，结果全部正确。

肖妈妈："宝贝，你全答对了，是不是知识宝宝还在？"

牧泽开心地笑了。

肖妈妈："接下来，去完成作业吧。宝贝，71 是 7 在前面 1 在后面。"

牧泽回到房间继续写作业。中途遇到不会的，肖妈妈再进去进行引导，一问一答很快就写完了。

再听一遍更熟悉后，母子俩约定以后每天睡觉前听一遍 PEG。

【朱教练思路讲解】

在儿童情商课堂上，可以用浅显易懂的方式教会孩子，人在处于生气、愤怒、伤心、害怕等情绪状态中时，大脑中的动物脑部分会发挥主要作用。这时就像是关在笼子里的狮子被放出来，可能会对他人和自己造成伤害。自己感到不安全，理性大脑无法正常工作，很可能连 1+1 都不知道等于几了。当情绪平静、开心、愉快时，理性脑就开始主导，狮子被关进笼子里，我们就是安全的。

每个人都能处理好复杂或很难的事情，感受到成就感，让自己更快乐。打骂吼，只会让孩子瞬间不安，开启动物脑模式，这时候的他们，应对模式要么是防御，要么是逃跑，要么就是战斗。这时，孩子的思考能力严重退化，做事效率极低。家长只有心态平和，孩子的情绪才能稳定。从舒适圈跳出来学习的家长，只要静心思考，总会想到很多办法。

6.多子女家庭，先护大再管小

【微案例】

一天晚上，欣悦学完英语，做课后作业时遇到困难，便转动自己的选择轮，转到"请妈妈帮忙"，然后喊我进去，欣晨也跟了进去。欣悦不同意，因为我们之前有约定，欣悦上课时，其他人不能进房间，直到完成作业。

欣晨不愿意出去，欣悦很坚定地说："你必须出去，妈妈陪着我！"

欣晨眼巴巴地看着我。我抚摸着她的头，说："我知道，你想待在里面，但姐姐要写作业。等姐姐做完作业，我就喊你。"之后，奶奶进来，把欣晨拖了出去。

欣晨感到不舒服，大开着房门，靠着门坐在地上，一声不吭。我看了她一眼，欣悦对着我小声且坚定地说："妈妈，你不能过去。"我似乎能感受到这股争夺爱的硝烟在弥漫。

我说："我们先做作业吧！"欣悦显然很满意。我陪着欣悦把家庭作业做完。

英文课作业完成后，有个闯关游戏。我便对欣悦说："下面的题，我相信你自己可以完成得很好。刚才我们赶妹妹出去，她一定感到很受伤！我出去看一下她。"

刚才的那段专注陪伴，欣悦感觉不错，于是，她愉快地答应了。

我到客厅找欣晨，她正在奶奶的怀里哭泣。

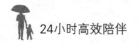

我接过她，抱在怀里，问："你现在感觉好些了吗？"她不说话，仍然感到有些难过。

我继续说："刚才你想待在里面，我却让你出来，你一定很难过吧？"她又开始抽泣。

我紧紧地抱住了她，告诉她，我爱她。她的情绪一点点柔软了下来。

这时，欣悦准备开始玩英文闯关游戏作业，像往常一样邀请妹妹一起夺得奖牌。她喊妹妹："欣晨，你要不要一起来玩闯关游戏？"

欣悦的吸引力永远大过我们，欣晨立刻回答："要！"然后，咻的一声，从我身上滑下去，开心地跑去找姐姐了。

【朱教练思路讲解】

多子女家庭的快乐丰富精彩，而烦恼也很类似，比如，多子女通常都是在吵架打架中长大的，父母为此伤透了脑筋。老大对妹妹的影响力，远远胜于父母。欣晨虽然有时也会跟欣悦打打闹闹，但多数时候还是和姐姐一起玩得很开心。家长若悟到了这一点，也就理解了"先护大再护小"的核心。我们对子女的爱，老大一般接收得多一点，然后他会把自己多出的爱分享一部分给弟弟妹妹，所以弟弟妹妹得到的爱也不会少，这就是家庭排列里的施与受的平衡。

7.来个角色切换，增进相互理解

【微案例】

一天，我变成姐姐欣悦，她则变成我，来当老师，我们玩起了角色互换游戏。

欣悦给我压腿的时候，跟我平时压她腿的时候简直一模一样。她先压压我的背，然后压我的膝盖，说："膝盖伸直了没有？"然后，她按我的头说："头低下去一点。"

我："老师，你压得我好疼。"

欣悦："痛，也要坚持哦！平时，老师压腿都很疼！"

之后，欣悦还尝试了顶腰、仰卧起坐。

我决定以后和孩子一起练功，体会她的不容易，陪她一起坚持，让她感受到爱和鼓励。

【朱教练思路讲解】

跟孩子换位思考是父母应该具备的能力，如此，我们就能更容易地感知和理解孩子的情绪，实现最佳的倾听和沟通。父母要重视言传身教的作用，放下架子，把自己当作一个孩子，像朋友一样跟孩子相处，陪孩子一起互动，在示范中和孩子一起共同成长。

8.检查作业有技巧，看完免入坑

【微案例】

一天打卡时，我分享了一段欣悦的看图写话，有心人发现了"浇"字的书写错误。看着100分整洁的卷面，看着欣悦骄傲的神情，我突然想起上次一位二年级孩子的妈妈讲过的一个故事：

放学后，女孩兴高采烈地把100分的数学试卷拿给妈妈看，请妈妈签字。

妈妈从头到尾认真看了一遍，居然发现有道题做错了。本着对孩子负责的初心，她坦诚地对孩子指出了这个问题。

孩子突然感到很不爽，愤怒地拿过试卷，说："你就是不希望我考100分，我讨厌你！"然后，她哭着跑开了，留下了一脸懵的妈妈。

针对这件事，可能每个家长看法不一。这里，我分享一下自己的个人立场，仅供参考。在大家发现了这个错字后，我一般会这样处理：

我直接在欣悦的试卷上签字，说："妈妈很高兴，看到你对语文这么感兴趣。100分是你这段时间认真努力学习，并用心完成家庭作业的结果。"我不再提试卷的事情，继续做自己的事情。

十几分钟后，我向孩子请教："欣悦，浇花的'浇'字我突然不会写了，你能教教我吗？"

欣悦赶过来，说："浇，我会。这样写。"

写完之后，我说："哦，对。我怎么觉得有点像又有点不像呢，奇怪。

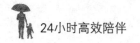

这里是有点，还是没点呢？"

欣悦坚持："有。"

我："嗯，我们去哪里查查看，总觉得有点怪怪的。"

欣悦："你的手机上就有。"

我："对哦，那你帮我查下。"

查完后，我们发现没有那一点，我说："哦，原来是这样子的呀！咱们再一起照着写一遍吧！"

然后，我们一起又写了一遍正确的字，事情就这么结束了。

【朱教练思路讲解】

孩子学知识时，确保她掌握了是关键，在哪里矫正并不是重点，因为孩子的感受很重要。

孩子的成就感得来不易，父母要呵护和珍惜。

9.不惩罚，不奖励，为自己学习

【微案例】

一天早上，欣悦像往常一样6点起床。起来后，她就坐在我旁边跟我聊天。

欣悦："妈妈，我给你出道题。"

我："嗯，你说。"

欣悦："什么山和海会移动？"

我："啊？没见过会移动的山和海呀！"

欣悦："你随便猜！说两个答案。"

我："云朵？海浪？"

欣悦："不对，是人山人海。"

我："啊……"

欣悦继续跟我聊天，并把语文试卷拿过来找我签字。

看到认真整洁的100分卷面，我很欣慰，然后在上面签了字，说："我很高兴，看到你对学习这么感兴趣。认真听讲并很好地完成了作业，你也一定为自己今天的收获感到自豪吧！"

欣悦："妈妈，别的小朋友考100分都有奖励，我没有。"

我诧异道："这样呀？你也希望被那样对待？"

欣悦："对呀！你总是小气，不给我买，你只是口才不错。"

我沉默了一下，说："你想要的礼物，打算什么时候得到？"

欣悦："我知道。可是，我依然想要更多。"

我："嗯，我明白。如果我是你，也会这么想。哎呀，我突然想起一个故事，是妈妈小时候的邻居小卷。你想不想听。"

欣悦很喜欢听故事，说："啊，你说吧。"

我："小卷从小就学习很好，每次考试都是100分，爸妈都没读过书，看到她考了100分，特别开心，觉得她以后还能考上清华大学。于是，每次拿着成绩回来，妈妈都会给她做好吃的，还给她买玩具。"

欣悦："后来呢？"

我："后来有一次她不知道是什么原因，只考了50分。回家后，你猜怎么着？"

欣悦："不知道。"

我："你猜猜看，你觉得可能会发生什么事？"

欣悦："她被爸爸妈妈打了？"

我："不错。她爸妈原本希望她上哪个大学来着？"

欣悦："清华大学。"

我："对。看到她考了50分，爸爸妈妈气坏了，生气地冲她大吼，但没打她。你知道她爸爸接着还做了什么？"

欣悦："嗯？"

我："爸爸把她之前考100分得到的玩具都砸碎了，说她就知道玩，成绩才下去的，以后不许玩了。如果你是这个小卷，你会有什么感受，会怎么做？"

欣悦："我会很生气，把我爸的东西也砸烂。"

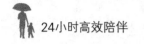

我："嗯。我也会生气。你猜，小卷后来学习有没有变好？"

欣悦："变好了吧？"

我："她受到了打击，说考了那么多次100分挣来的玩具，因为一次50分就全没了。学习有什么意思，我再也不想为爸爸妈妈学习了。你有没有听清，她说她在为谁学习？"

欣悦："为爸爸妈妈。"

我："是啊，当时我听到觉得很疑惑。我总觉得不是这样的。咦，你觉得你是在为谁学习呀？"

欣悦："为自己学习呀！"

我："嗯，对。我也觉得是为自己学习，不是为爸爸妈妈学习。咱俩的想法比较一致。"

欣悦："那个小卷，后来又怎么样了？"

我："后来呀，很遗憾。"

欣悦："怎么遗憾呢？"

我："二年级的第二个学期，刚上了两周，她就不肯去了。"

欣悦："再后来呢？"

我："再后来，她就不上学了，天天在家放牛。15岁后，就出门打工，去工厂干活了。那一年我正在上初三。"

······

故事听到这里，对于小卷的命运，欣悦也是一阵唏嘘。

我："欣悦，你有没有发现，奖励和惩罚是一对好朋友。如果一个出现，另一个也会出现。听了小卷的故事后，我告诉姥姥姥爷，我考得好的时候不需要奖励，因为我是在为自己的成长学习；如果考得不好的时候，也不用爸爸妈妈批评，因为我尽力了，考试只是一次测验，他们依然要一如既往地给我爱、支持、信任和鼓励。"

欣悦："妈妈，我不需要你的奖励了。"说完，她蹦蹦跳跳地拿着签完名的试卷跑掉了。

【朱教练思路讲解】

电视剧《小舍得》里子悠说："我妈妈爱的不是我，不是真正的我，而是考满分的我。"家长都深爱自己的孩子，只不过我们太过频繁强调的东西，让我们迷失在"以爱之名"的各种要求上。渐渐地，自己也开始恍惚：自己究竟是更在乎面子、分数，还是孩子？孩子也会再一次确定，妈妈爱的是优秀的我、符合他要求的我。如果亲子关系到了这个境地，对孩子的健康成长而言是十分不利的，因为孩子此时已经是处于巨大的心理压力之下了，更有甚者，还会在自己心中埋下"不优秀就不配活"的念头。只有努力成为高阶父母，才能在更多的时候保持清醒，提醒自己：爱他，如他所是。孩子取得了进步，和他一起高兴；孩子出现了失误，用爱陪伴他度过。

三、夫妻感情是底色

1.在心里给伴侣置个顶

【微案例】

回老家过寒假的欣悦给我发来照片，可是由于我置顶的消息太多，一直都没留意到。

老公似乎感受到了女儿心情的失落，批评我说："女儿给你发了一天的信息，都没个回应，你那么多置顶群，能看得到我们的信息吗？"听到他的抱怨，我似乎听到了爱碎了一地的声音。

我很心疼，也很抱歉。我说："从今天开始我就改正。"

老公继续追问："你怎么改正啊，别人能置顶，你就不能把我们置顶吗？"

我嬉皮笑脸地缓解着他的愤怒："有道理，我现在就置顶！好啦，现在置顶啦！嘿嘿……"

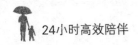
然后，我仔细回忆着自己的这些不应该，回忆着为什么我就不能经常给长辈打个电话；对于那些爱我的和我爱的亲戚，我为什么就不能经常问候一下？我好像总能让自己过得充实而忙碌，每天都有做不完的事情。很多朋友也说我很执着，一门心思只做好一件事：这些年的朋友圈，满屏的都是跟教育相关的内容。

把老公"置顶"的那一刻，我产生了一种神奇的感觉，他在我心里的重要程度也瞬间被置顶了。从此刻起，我决定要重视这个生命中最重要的人，用他喜欢的方式爱他。

【朱教练思路讲解】

美国教育家约翰·杜威说："一切教育的最高目的是形成性格。"在个人的生命成长中，家长是最重要的老师。最好的家教就是夫妻恩爱，唯有夫妻恩爱，孩子才能健康成长。"原生家庭的日常里，藏着孩子20年后的模样。"原生家庭带给孩子的，不仅有为人处事的方式，还有认识世界的途径。如果孩子成长过程中看到的只有家庭的纷繁丑陋，那孩子的心很有可能会受到影响而变得自私、冷漠，像一块坚硬的冰块。在孩子的成长过程中，父母三观正确，养育得当，孩子就会善良且强大，温柔且独立。孩子的起点是父母，三流的家长养不出一流的孩子。如果你觉得孩子不够优秀，请慢些责备，先回顾家庭，审视自身，然后再跟孩子共同进步，彼此成就。

2.学会鼓励，让我和幸福靠得更近

【微案例】

一天，妈妈郑玉霞对老公表示了肯定："你每次周末回来都用心陪伴我们，想方设法给我们做好吃的，昨晚看我在擀饺子皮，还主动把馅拌好，然后又主动来帮忙包饺子。谢谢你为咱们家所做的一切，这让我也轻松多了，你的爱让我好幸福。"然后，她抱了抱自己的老公。

郑玉霞洗澡回来，发现老公已经主动把衣服给晾了。

【朱教练思路讲解】

老公也需要肯定和鼓励。夫妻之间充满了爱的合作的感觉，只有将爱表达出来，才能让爱更热烈地流动起来。女人喜欢爱的表白，男人同样如此。要给爱人、父母和孩子们多表达自己的肯定、鼓励和感谢之情，大家的关系才会变得更加融洽而有活力。

3.固定一个时间，每周来约会

【微案例】

又一期《幸福婚姻》系统班毕业后，程芳决定把和老公的夫妻约会特殊时光提上日程。

一天下班后，程芳和老公终于有了专属于自己的特殊时光——正式约会的第一天，想想都觉得好兴奋。结婚9年，突然有了强烈的怦然心动的感觉——和最亲爱的他，约会恋爱，太美好了。可尴尬的是，多年后的第一次郑重"约会时光"，两人竟然不知道如何是好。

两人牵手逛了一圈夜市，最终在一家正宗的羊肉烧烤铺停了下来，点了些吃的，放下手机，面对坐着，目光对视……程芳慢慢寻找眼里心里只有你的恋爱感觉……

老公主动跟程芳分享起公司的趣事，这也是多年后的第一次。他说，他写的对联惊动了大老板。

程芳感到很意外，捡到了一个别人眼中"诗情画意"的男子，说："我都想好了，如果你今晚加班，我就'杀'到你公司，陪你吃晚饭。"

老公笑了笑："这么舍得下血本呀？"

程芳："对，我要把约会时光坚持贯彻下去，坚决不动摇。"

老公："好，以后咱就多出来逛吃逛喝，把没体验过的都一起体验一下。多点儿属于咱俩的时光。"

【朱教练思路讲解】

愿意给对方时间，给对方机会，表达这十几年来深藏在心底的最浓烈的爱，是异常幸运的。老夫老妻，似乎有些不习惯约会，其实只要心里有

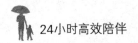

这种想法，一起努力，慢慢就习惯了。给家人排序时，很多人都会将孩子放在第一位，忽略了婚姻的经营，事实上婚姻经营的意义优于培养孩子。我们活出来的幸福，是孩子未来憧憬的样子。所以，要带着正确的思维顺序，在正确的路上一起努力成长。

4.情人节，因你不同

【微案例】

一天早上，我和欣晨正在吃饭，因寒假暂时分隔两地的老公发来了视频。

我好奇地想着："咦，今天怎么这么早起来，这么早发视频，难道是老大昨晚没跟我们聊够？"然后，接通了视频请求。

视频那端不是欣悦，而是已经吃完早餐、收拾干净帅气的老公。他看着我笑，然后说："今天是情人节哦！"

我一脸惊喜："呀，今天是情人节。"然后，我得意地在欣晨面前显摆："哈哈，今天是情人节，是我和你爸的节日，哈哈哈……"

没等欣晨反应过来，老公赶紧补充道："也是我和欣晨的节日哦，欣晨是小情人！"然后，他抛过来两个响亮的飞吻。

"啊，你有3个情人，太幸福了吧！不行，欣晨是我的，我要她，她的全身都是我的……"然后，我借机玩起了"人身拔河"游戏。

欣晨看到自己被抢，开心极了，满脸幸福地说："我是你们大家的。"

我："老公，今天情人节，要送我们什么礼物吗？"

老公："你们想要什么礼物？"

欣晨："我想要甜甜圈。"

我："我，我，我想要……什么呢？现在的我怎么无欲无求了呢？"

欣晨："妈妈想要水果。"可这并不是我真正想要的，我摇了摇头。

欣晨："给妈妈一个吻。"这个答案吓了我和老公一跳，不过我表示很满意："对，我想要一个吻。"

后来，老公找了个欣晨不在的机会，郑重地给了我一个吻……

我问欣晨："我们给爸爸回赠什么礼物呢？"

欣晨最终决定："我给爸爸画一幅画。"

我决定："老公，我给你写个鼓励果。"

【朱教练思路讲解】

在信息发达、生活节奏飞快的年代，指望人和人之间心有灵犀实在是太难了。这个时代，更需要主动表达和及时回应，让细腻的感受在人和人之间流动，我们要把握一切机会将一点一滴的爱和感动表达出来，将爱大声说出来。美好的情感，是每个人都需要且应该被重视的。

四、养育冲突的化解

1.完善情感地图，增进理解和接纳

【微案例】

一天晚上，肖艳丽和婆婆聊天，然后了解到：婆婆的父亲跟母亲常年吵架，动不动就打架，有时候吵完架就拿孩子出气，所以打骂成了她们的家常便饭。在她十岁的时候失去了父亲，母亲带着姐妹4人在村子里艰难生活。被人欺凌，被人看不起，却不敢反抗，只能忍气吞声。那时的她想马上逃离那个村庄。直到15岁时，她才跟着母亲远嫁到了湖北。

继父的性情温和，后面的日子过得比较安稳。因为婆婆的母亲没有生儿子，养老便寄托在她的身上。到了适婚的年龄，经人介绍认识了公公，她说当时不为别的，只为公公的脾气好，想着能给母亲养老。结果婆婆很满意，因为他确实把老人照顾得很好，甚至从来没有争吵过。而她跟公公之间也很少争吵……

对于婆婆来说，15岁之前就是一场噩梦，恐慌、害怕、无助、胆小怕事，导致她的性格非常内向。然而，父母暴躁的性格也在她养育儿子的过程中体现了出来，因为在老公对婆婆的印象里，她非常严厉，说一不二。

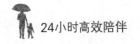

婆婆说，幸运的是，她认识了公公，慢慢让她变得慈爱。

婆婆原本的生活经历是这样跌宕起伏，肖艳丽终于理解了，婆婆在和她相处的时候为什么总是缩手缩脚，有时候又觉得她很倔强。她暗暗决定：今后的日子里，要对她多一点爱，多一点理解，多一点接纳。

【朱教练思路讲解】

每个人都是一座行走的冰山，值得我们带着善意和好奇细细地走近，一点点挖掘。越了解对方，越能理解和接纳对方。多跟老人、伴侣、孩子聊聊天，多听听他们的故事，你们之间的感情也能在这个过程中与日俱增。

2.从手指向外，到掌心向内

【微案例】

婆婆无事可做，整天坐在客厅里看电视。我要照顾欣晨，有时难免会照顾不上欣悦，老公又忙于工作，我感到既伤心又愤怒。为什么别人家的婆婆、老公阳光积极，我们家却整天除了睡就是看电视，没有一个人愿意陪伴孩子，更没人给孩子做个好榜样？我知道自己情绪不好，但也没说什么，只是埋头做自己的事。

晚上夜深人静时，我想了想，否定了自己的坏情绪，觉得自己应该从另一个角度考虑问题。每个人都有自己的兴趣爱好，只不过对方的兴趣爱好正好是我不喜欢的。再加上，如今全国上下都在防疫，人们情绪紧张，或许只有看电视才能让人更放松，老人都上了年纪，不看电视，又能做什么呢？

认识到这一点后，我的心情变得好多了，不再那么焦虑。只要有时间，我就陪欣悦。我决定先做好自己，过了这段时间后，再进行调整。我还跟老公进行了沟通，他也决定调整一下自己，每天花3小时看书、1小时陪欣悦、1小时运动健身。

【朱教练思路讲解】

选择"手指向外"，不仅会让别人不好受，自己也会烦躁焦虑。只有选择"掌心向内"时，心情才会放松下来。记住，我们只能决定自己做什么，而无法改变他人。既然如此，为何不从自身做起呢？

3.及时按下暂停键

【微案例】

有一天，婆婆带欣晨去打疫苗，回来后告诉我，同时打了两针。

我打电话给医院，医生再三确认没有问题，但我内心依然感到焦虑，再加上自己到了生理期，火气根本就压不住。整个晚上我都板着脸，语气带着强烈的控制欲，自己也能感觉到，却收不起来。只要欣悦做得稍微不如人意，我就很生气。这种情绪严重影响到了女儿的情绪和积极性。

晚上，我陪欣悦用算盘珠数数。我拿着算盘，她想要，我说："等我算完，再给你。"

欣悦要求了两次，我都没给。她有些不高兴了，不管我怎么说，她都不听。

在我快要爆发的时候，欣悦说："我想安静5分钟。"

我放下算盘，快速冲进洗手间洗澡。洗澡时，我不停地告诉自己："你不能这样，这些都不对，要无条件地爱孩子。"

待我洗完澡后，欣悦已经拿着算盘准备当小老师了，我积极配合。

睡觉前，欣悦说："妈妈，你今天脾气有点不好。"

我说："是的，我确实没控制好自己，以后注意，对不起！我还要谢谢你的那句'我想安静5分钟'提醒了我及时暂停下来，谢谢你！在你的帮助下，我觉得自己会进步得更快。"

【朱教练思路讲解】

我们每天都可能遇到挑战，如果只知道抱怨他人，所有的人和事都会变得糟糕起来。只有积极按下暂停键，看向内在，关照内心，寻找积极有效的解决办法，才能多一些智慧，才能给自己和身边的人和事带来温暖、快乐和示范力量。

4.拿起自己手中的钥匙，打开幸福的大门

【微案例】

一直以来，我都不喜欢做饭，不喜欢打扫卫生，更不喜欢做家务。不

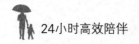

是因为事情有多难，而是这些事太烦琐，让我无法感受到自己的价值。

前几天，婆婆回了老家，老公还在上班，想到"贡献换来贡献"，我决定为自己的幸福生活贡献点什么，最终决定让老公下班回来后吃上一餐还算可口的饭。

殊不知，当我这样想和这样做的时候，老公也在下班回来的路上，买了涮火锅要用的底料。他一下班就早早赶回了家，把我整理出来的垃圾一趟一趟地送到垃圾站，甚至还跟我一起打扫整理，很体谅我……

看到两人一起为"幸福"而努力奋斗，我感到很酷！

吃火锅的时候，欣晨一会儿看看我，一会儿看看老公，两眼笑成了一条缝。

【朱教练思路讲解】

很多妻子认为，如果男人不改变，自己改变毫无用处。即使自己改变了，也是心不甘情不愿的：凭什么是我改变，而不是他改变。其实，我们之所以改变，绝不是为了伴侣，而是为了让自己过得更放松、平和且幸福。幸福的钥匙不在别处，就在我们自己手中。

五、团聚

1.爱就大声说出来

【微案例】

早上，我们一家三口在楼下等吃饭。我和欣晨玩起了"拍手"的游戏，下面是欣晨现场即兴编的内容：

你拍一，我拍一，我们一起画两圈；

你拍二，我拍二，两只小鸭学游泳；

你拍三，我拍三，小小耳朵扇风扇；

你拍四，我拍四，小小红旗随风飘；

你拍五，我拍五，抓着挂钩打秋秋；

你拍六，我拍六，吹着口哨咻咻咻；

……

看到她的即兴表达，我感到很惊讶。

吃完饭，老公要去买衣服，我们回家打扫卫生，暂时分别。然后，各自往相反的方向走去。

欣晨突然说："妈妈，我非常想爸爸。"

我："哦，那你想去给爸爸一个大大的拥抱吗？"

欣晨："想。"

这时，老公已经走远了。我们一起大声呼喊起来。老公闻声回头，欣晨飞快地跑向他。

我大声地跟他说："欣晨说想你了。"

欣晨跑过去后，老公蹲下来，张开双臂，稳稳地接住她，并把她抱了起来。然后，一起紧紧地拥抱了好一会儿。

那画面，好暖，好有爱。

【朱教练思路讲解】

含蓄的关爱，别人体会不到，爱，是需要表达的。比如，孩子担心妈妈，就可以让她直接表达出来"妈妈，我担心你"；孩子爱爸爸，就让他直接讲出来"爸爸，我爱你！"让爱在家人之间流淌，才能创造温馨友爱的家庭氛围。

2.说不出口的爱，用肢体接触传递

【微案例】

外出上课，每次都要路过欣晨的学校，再继续往前一段就是地铁站。

一天早上出门时，我跟公公说，你用小电驴带着欣晨和我，先把欣晨送到，然后把我送到地铁站。他说："好！"

一直以来，我都没跟公公这么近距离地接触过，以至于我坐在后座，手都不知道该往哪里放。

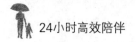

欣晨说："妈妈，你扶着我，我保护你。"她拉过我的一只手，让我摸着她。然后，我将另一只手搭在了公公的肩膀上。我突然觉得很温暖。

一路上，公公都小心翼翼地载着我们，到站后，他说："你晚上回来的时候，就坐到洪浪北，出来就是M313，可以直接坐到家门口。我今天去你工作室看了看，发现灯又不亮了，我再去查查出了啥问题，然后帮你修好。"

这一早上的温暖，陪了我整整一天。想起这些细节，我觉得特别感动，这是来自另一位父亲对女儿的爱。我决定给公公写个鼓励果，嘿嘿嘿……

【朱教练思路讲解】

要往对方的情感银行里，存入更多的情感。肢体接触是最直接、最有效的方式。比如，久别重逢，可以来个拥抱；表达歉意，可以来个拥抱；表达关爱，也可以摸摸孩子的头；表达对孩子的理解，可以摸摸小脸、碰碰鼻子、指尖等。肢体传递爱，多多的用起来吧！

3.父女俩合力做饭菜，重温幼时的温暖

【微案例】

我从小就不会做饭，也不喜欢做。婆婆回老家后，我就开始为晚饭发愁了。这时候，我老爸来到我家。我去市场买菜，买了大大一袋子，真沉！想到这就是婆婆的每天日常，我有些心疼。

回到家，我和老爸一起准备菜品。我说："爸，你炒菜好吃，你来吧！"

老爸："你炒吧！我不会！"

我："那天在我哥家，你第一次炒，就很好吃！"

老爸："嗯，后面再炒就不好吃了。"

我："哎呀，我这点真像您呀！"

老爸帮我回忆着："上次我来你家，你炒的菜就不错！"

我硬着头皮，只能赶鸭子上架："好吧，我来炒，你教我"。

第一盘，土豆烧鸡。

我："爸，是先放土豆，还是先炒鸡？"

老爸："先炒鸡。"

我："啥时候放土豆呀？"

老爸："等鸡煮一会儿。"

我："盐放多少？"

老爸："两勺。"

我："现在能放土豆了吗？"

老爸："再等会吧。"

……

在爸爸的帮助下，我一口气炒了四盘菜。炒完菜，自我感觉不错，我还给自己的作品拍了照。

【朱教练思路讲解】

不管多大年龄，在父母眼中，我们都是孩子；即使你五六十岁，在长者眼中，依然是晚辈。有长辈在身边的感觉确实不错。当着长辈的面，为人父母的我们也可以在无意识中把自己变成孩子，将在外面时的果断、担当、自信都卸下来，全然变成那个需要老爸老妈指点、不断寻求关注的小孩。

4.宝宝来洗碗

【微案例】

在我开家长课程的第 22 期，婆婆自愿走进了正面管教的课堂，我非常感动。

一天晚上，欣晨做完英语作业，看到婆婆在洗碗，孩子将视频先暂停，对我说："妈妈，先停一下，我去帮奶奶洗碗！"然后，她撸起袖子，就去找婆婆去了。

可是，刚走出房间，她就想上厕所，着急地说："我上完厕所再去！"一脸的兴奋和热情。

我感到很好奇，这是欣晨第一次要求主动洗碗，婆婆会同意吗？我冲婆婆微微一笑，说："我觉得很惊讶。"

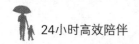

欣晨从洗手间出来，立刻跑进了厨房。她站到椅子上，开始洗碗。水多，盘子滑，婆婆在一边帮忙拿着盘子，让欣晨洗。先用洗洁精洗，然后用水冲洗……

我忍不住感慨："哇，我们欣晨真的会洗碗了。如果下次奶奶不在家，咱们家的碗谁来洗呀？"

欣晨开心地回答："我来洗呗！"

"哇，这真是太棒了！如果奶奶不在家，姐姐做饭，妹妹洗碗，你们一定能将爸爸妈妈照顾得很好！"

【朱教练思路讲解】

让孩子参与到家务中，不仅能增强孩子的基本生活能力，还能提高他们的主人翁意识，增强责任意识。我们常说：教育就是一棵树撼动另一棵树，一朵云推动另一朵云，一个灵魂影响另一个灵魂。感恩不带任何控制的影响力，让家人走进课堂，主动学习新观念，家人之间的相处就会变得更和谐。

5.角色扮演中建立亲密

【微案例】

经过几天的相处，欣晨和外公外婆成了特别好的朋友。

欣晨："外公，我们来玩游戏吧。我当医生，你当妈妈。"

外公："啊？为什么不是你当妈妈？"

欣晨："对呀，游戏就是这样，我要照顾你。"外公笑着接受安排。

欣晨："外公，将衣服拉链拉开，假装你要生宝宝了。"然后，她给外公衣服里塞了一堆波波球，并各种抚摸，和肚子里的宝宝互动。外公笑着任她摆布。

欣晨："外公，你帮宝宝说话。"外公笑着，不知道怎么说。

然后，欣晨又对外婆说："外婆，假装你是霸王龙宝宝，我是霸王龙妈妈。现在，假装你走丢了……"她把外婆拉进场景。

外婆："我走丢了，妈妈你在哪里？"

欣晨温柔地说："我在这里，我在这里，妈妈来了……"

……

这样的时光，静谧美好。

【朱教练思路讲解】

家人和孩子进行角色扮演的游戏，每人扮演不同的角色，说不同的话，做不同的动作，不仅能锻炼孩子的语言能力、行为能力、思考能力等，还能让孩子沉浸在游戏中，感受家人一起参与的乐趣。此外，如果孩子和父母互换角色，演绎家庭日常，更能让孩子理解家长平时生活的不易。

6. 用心的爱细细品

【微案例】

沙龙结束回到家，已经是晚上 10 点半了。老公还在等着我，我悄悄地去看了看欣悦，她突然喊"妈妈"！

看到欣悦居然在等我，我感到有些抱歉。

上床睡觉时，我发现床头有一个用卫生纸包着的东西，老公说以为是我的。

我打开一看，发现是一根小羽毛和一段笔芯。我突然想起前两天老大说过的话："妈妈，我在上学路上捡到一根羽毛，做了一支笔，真是太幸运了！只不过那支笔不太好写，下次带回来给你看看……"这应该就是她要给我看的那支笔。她居然小心翼翼地包好，放在我的床头。想象一下当时的画面，我觉得很美好。

客厅的桌子上，在一个很明显的地方，放着一个手工作品，应该是欣晨在学校制作的莲花。我继续想象着当时的场景，她一定在说："莲花放在这里，给妈妈看；妈妈一回来，就能看到。"想象着她说话时可爱又认真的样子，我忍不住想笑。

【朱教练思路讲解】

每个人都有优缺点。如果我们心存善念，保持一颗善于发现美的眼睛，发现 80% 的优点，并记录生活中的点滴美好，身边的每个人都能变得异常

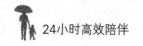

可爱和美好；如果我们总盯着20%的缺点不放，彼此都会感到压力。感受不到被接纳的归属感，合作的欲望和贡献的价值感也就没有了。教育是灵魂影响灵魂的过程，想要扩大自己的影响力，首先就要让对方愿意和你在一起。

7.享受孩子爱的回流

【微案例】

一天，大宝学着妈妈罗文叶的样子，给家里的每个人都写了一个鼓励果。她看起来非常开心。

大宝一边写一边念："第一个鼓励果写给弟弟。今天弟弟看起来很可爱，也很乖，因为他把每餐的牛奶都喝完了，真棒！

第二个鼓励果写给爷爷：爷爷给我从老家带来了腊肉、腊鱼和土鸡蛋，爷爷很辛苦，谢谢爷爷！"

第三个鼓励果写给奶奶：奶奶给我做饭，做的饭也很好吃。"

大宝的样子看起来特别可爱，又让人有点心疼。想到早上因为没吃完早餐我跟她急的情形，觉得自己有些不应该，便一把抱住了她。

罗妈妈："亲爱的大宝，妈妈早上不应该生你的气，我也想努力做个好妈妈，尊重你。你的表现很棒，以后吃饭，我不强迫你。如果你实在不想吃，我们一起想办法。"

"好的，妈妈。"大宝说，"妈妈，今天我还要给你一个鼓励果：'今天妈妈说：她要努力做一个好妈妈，妈妈以后不会对宝宝大声说话，我有一个好妈妈。'"

我被深深地感动了。

她把爷爷奶奶的鼓励果递到她们手上，并读给她们听，爷爷奶奶都惊讶地说："真懂事！"他们还竖起了大拇指，给孩子一个大大的赞。

【朱教练思路讲解】

孩子就像一汪清澈透明的泉水，清纯可爱。不管你对她做过什么过激的事情，过后她都会原谅你。爱换来爱，在畅通稳固的联结下，父母的言传身教成果会在孩子身上尽情地呈现。很多家长以为，为孩子事无巨细地服务一切，就是爱。而事实上，即使我们无法为孩子提供任何帮助，也能让孩子感受到我们满满的爱意。爱是一种畅通的能量流动，是经由我们的心流向对方，被对方的心所接收并理解和感受到这种正能量的过程。

8.每个人的圣诞礼物

【微案例】

平安夜，我陪孩子们去帮圣诞老人一点小忙，给大小朋友们分发糖果，并祝福每一个人圣诞快乐。

奉献使我们快乐。圣诞节的早晨，全家一片欢腾。欣悦起床后发现了大礼盒，激动地抱着礼物一直说："哇，今年圣诞老人放大招了，跟从前的方式不一样了，不再是往袜子里塞小小的礼物了，我猜猜看，是什么呢？是什么呢？到底是什么呢？太兴奋了！太激动啦！会不会是……啊，如果是，那就太好了。不会是……吧？啊，不要呀，我可不喜欢那个。好想现在就拆开呀！不行不行，还是等妹妹醒了一起拆吧！我去喊妹妹快点醒来吧！"看她那激动得自言自语的样子，实在是太可爱了。

婆婆收到了圣诞礼物，公公和老公也收到了圣诞礼物，就剩我了，怎么办？欣悦迅速地跑去房间，给我组装了一个礼物。后来，我还发现我房间里有只袜子也鼓了起来，那是我亲爱的老公送我的礼物。

【朱教练思路讲解】

没有仪式感的生活少了亮点，少了趣味。增加仪式感，才能加深孩子的印象，让孩子记住一些日子的重要意义。仪式感会让孩子在成长的过程中享受到最大的幸福，尤其是在家庭的一些小事中，孩子会感受到更多的快乐。

9.关于对未来的畅想

【微案例】

一个周末，我和孩子们约定，上午先去欣晨学校附近的"动物园"玩，

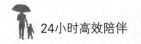

再去欣悦想去的四季公园。

欣晨从来没去过那个"动物园"，但她非常确定那就是一个动物园，里面有大象、三角龙……

跟着欣晨的指引，我们很快就到达了目的地。原来这是一个外观设计很像深圳野生动物园的幼儿园，而且真的有她想象中的三角龙，就在进门不远的位置，不过是假的。最终，我们揭开了欣晨脑海中这个"动物园"的神秘面纱。

返回时，我们再次路过欣晨的幼儿园，欣晨决定给欣悦介绍一下自己的幼儿园。于是，她拉着欣悦走近幼儿园，并眉飞色舞地跟欣悦介绍，在这里刷卡，门就会开。欣悦抱起她，模仿刷卡的样子。

离开的路上，我说："刚才妹妹带姐姐去参观了自己的幼儿园，这让我联想到了一个场景。"

欣悦："是什么场景呀？"

我："是关于二三十年后的你们俩。想不想听听？"

欣悦、欣晨："要，要！"

我："好的。那我就开始讲了，大家认真听哦！二三十年后的你们，三十岁左右，都有了自己的家庭。一天周末，欣晨打电话给欣悦：'姐姐，这个周末来我家做客吧，我给你做好吃的。'欣悦说：'好呀。'欣悦去了妹妹家。妹妹给姐姐介绍自己的家，这里是厨房，这里是客厅……'还准备了一大桌丰盛的饭菜，你们一起度过了一个非常温暖幸福的周末。"听完我的讲述，孩子们兴奋极了，纷纷开始跟着这个思路，描述自己的版本。

欣悦："我也想到一个。"然后，兴奋地畅想起来。

欣悦接着说："一个周末，我特别空闲，就打电话给欣晨：'欣晨，你今天有空吗？来我家做客。但就你一个人来，不要带孩子。'欣晨：'我今天闲得很，不过孩子们都缠着我，必须跟我一起来。'欣悦叹了口气说：'哎，好吧。你带他们一起来吧！'于是，欣晨带着两个孩子一起来到我家。欣晨先安排孩子们做作业，孩子们想让妈妈陪。欣晨就说：'妈妈正在上网，你们先做简单的，不会的等会儿一起问妈妈。'结果，两个臭孩子一道题都没做，全空着，因为全都不会。我拿着鞭子过去教他们，不会就用鞭子抽，孩子们喊：'大姨别再打了，妈妈救命啊。'……"

我沉浸在这个画面里，想要将每个人看得更清楚。

欣晨抢过了话，开始了她的畅想："一个周末，我打电话邀请姐姐和孩子一起来家做客。姐姐说：'好的。'，然后就带着她的两个孩子一起来了。到了我家门口，她按响了我家的门铃，我立刻去开门。孩子们一起玩，我做了一大桌子好吃的，没有了。"

这个话题引发得真好，大家描述的画面，真是太有趣、太美好了。

【朱教练思路讲解】

手足之间的感情好不好，跟父母的教养方式有着极大的关系。做智慧妈妈，跟欣悦在一起时，讲欣晨对她的称赞，对她做的表达爱的事情；当着欣晨的面，说欣悦对她的爱的行为表达……这些话语和事件，终将成为她们心中最珍贵的回忆，让她们始终坚信人心的善念、世间的美好和感动。

六、洗澡

1.孩子自己洗澡，洗不干净帮不帮

【微案例】

一天晚上，我带欣晨去洗澡。她突然说："妈妈，你把喷头拿下来，我想自己洗澡，你在外面等我就行。"对此，我感到非常惊喜。

我："可以呀，妈妈帮你调好水温……好了，给你……需要帮助就喊我啊！"

欣晨开始自己洗澡，我就在外面等着。她一边洗澡，一边跟我聊天："妈妈，你在哪里？在干啥？"

我："妈妈就在外面等着你，站着等你。"

欣晨："妈妈，我今天在学校的时候，同学们都不跟我玩。"

我："哦？那你一定很难过吧？"

欣晨："是呀！"

我："我家二宝那么有爱，他们为什么不跟你玩呀？"

欣晨："我也不知道。不过，吃饭的时候，他们又都跟我一起玩了。"

我："那你的心情又是什么样的？"

欣晨："开心。"

欣晨："妈妈，我洗完了。"

我："好嘞。欣晨真是了不起呀，才3岁就可以自己洗澡了。你能自己洗澡了，什么心情？"

欣晨："开心。"说着，她一下扑到我怀里。

我帮她擦水时，发现后背还是干的。不过，先让她尝试几次吧！

然后，我帮她换好了睡衣。

【朱教练思路讲解】

在养育孩子的过程中，最好不要抱有"既想马儿好，又想马儿不吃草"的思想。既希望孩子早点独立，又让孩子感觉自己做不到、做不好，这样只能收获一个依赖且不自信的孩子。有些父母喜欢追求完美，觉得只有自己达到完美的样子，才算准备好了，才敢呈现自己。可是，抱着这样想法的朋友，三五年过去了，想法也一点点被消磨殆尽了。完美是好，可首先要突破从0到1，完成比完美更重要。接下来，才是1到2、3、4……10的不断完善。没有前面的0~9，就不可能有10。所以，父母可以花时间训练的节奏是：父母先示范，引导孩子自己做；然后，放手让孩子自己做，让孩子体会"我做到了"的成就感。

2.探寻"数到三"的情绪密码

【微案例】

一天晚上，妈妈刘文丽睡得非常不踏实。事情是这样的：

晚饭前，大家从外面回来，儿子明远满头大汗，刘妈妈拉着他的手，让他去洗澡。他却以为妈妈强行拉他去洗澡，就大叫："我第二个洗。"刘妈妈带着情绪，只好自己先去洗澡了。

洗完澡出来，刘妈妈看见明远还在玩游戏，听音乐，就提醒道："我洗完澡了，该你了。"但明远就像没听见一样。

刘妈妈没再说话，自己去刷牙，洗衣服。

回到客厅，看到老公在打游戏，明远在旁边观看，刘妈妈伸手把灯关掉了，说："该睡觉了，明天再玩！"

老公有点不满："明远，去洗澡！"孩子依然没听见。

老公的声音突然变得严厉："明远，洗澡去。"孩子不情愿地进了卧室，很快就将衣服脱掉了。

走进洗手间，看到妈妈正在刷牙，明远便拿起牙刷，简单地比画了两下。刘妈妈马上说："这样刷牙不干净！重新刷一下！"

这时，明远开始大喊起来："为什么，为什么，为什么要刷第二次？"刘妈妈没搭理他，帮他重新刷了一次牙，心想自己得花时间好好训练孩子刷牙了。

明远要去洗澡，刘妈妈说："记得把头发洗洗。"明远又大喊道："为什么要洗头？"

刘妈妈："你自己摸摸头发，今天玩得满头大汗的，一定要洗头。"

明远继续大喊大叫，刘妈妈突然情绪失控了，对着明远就是一顿臭骂。

明远想哭，刘妈妈呵斥道："不许哭。"

但是，看着委屈的孩子，刘妈妈心里也很不好受。回到卧室，她平静了下来，伸手抱住儿子。

明远在刘妈妈怀里嚎啕大哭了起来。她感到更难受了，然后诚恳地向孩子道了歉，孩子也原谅了她。然后，母子俩就有了以下的对话：

明远："妈妈，我明天不去幼儿园了，因为老师会骂我。"

妈妈摸着他的头，一脸关切："哦？能跟妈妈说说发生了什么吗？"

明远："因为我还没涂色。"

刘妈妈："哦，涂色是明天上学要检查的作业，那你觉得我们可以做些什么避免被骂呢？"

明远："我不想涂色，不想去幼儿园。"

刘妈妈："好吧。妈妈尊重你，相信你能做出适合自己的决定。"

明远想了一下，说："还是涂吧！"于是，他拿起笔慢慢涂了起来。涂好颜色后，妈妈给明远讲了一个故事，他就睡着了。

看着熟睡的孩子，刘妈妈却睡不着，愧疚和难过等情绪一起涌上心头。如果自己能在出现坏情绪时离开该多好，她该相信孩子，相信他有解决问题的能力。

这是学习正面管教后几个月来第一次严重的情绪失控，可能和最近没有阅读有关系，也可能和最近实在太忙了有关系，刘妈妈觉得自己该做自我调整了，自己应该放松一些，信任孩子，只有孩子感觉到了被信任，家长才能更好地引领孩子。

整个晚上，刘妈妈都在辗转反侧，早上五点就起床，写下了这些文字，同时也告诉自己，跟自己和解，接纳自己。

【朱教练思路讲解】

彻底改变旧有的思维模式是需要时间的，让自己保持在积极正向教养的思维里需要一定的环境浸泡，或者是课堂，或者是书籍，但终究会因为我们坚持践行、坚持复盘思考并调整而变得越来越好。父母只要退出跟孩子的博弈，全然信任并把决定权交还给孩子，孩子往往都能做出让我们感到惊喜的选择。孩子都是向阳生长的，全然地爱着自己的父母，愿意接受父母的影响，之所以会出现众多的叛逆和对抗，是因为我们无意识的应对模式。无论孩子现状如何，我们都要成为更智慧的父母。

七、睡觉

1.床上的欢快时刻

【微案例】

晚上，李雪的老公给孩子们洗澡。洗完澡后，用浴巾包裹住孩子，放到床上，之后抓住浴巾的一边，把孩子从浴巾里滚出来。

孩子们很喜欢，老公说："排队！姐姐先来，弟弟走开。"然后，他把嘉哥拉到边上。

老公接着说："现在该轮到弟弟了。"此时的萱宝主动退到一边。果然，孩子在老公那里比较容易形成秩序感。

玩了一会儿，老公就没力气了，让妈妈接手抖。妈妈抖了一次，发现确实很费力气，于是果断放弃。

随后，妈妈拿出荧光棒，打开音乐，关上灯，听着《星空》，看着两个孩子在床上蹦啊笑啊。孩子们还时不时地扑到妈妈的身上。妈妈抓住一个，就亲一口，再放走。这一个小时的时间，她都觉得非常治愈。

【朱教练思路讲解】

很多家长是上班族，时常觉得自己陪伴孩子的时间太少了。其实，亏欠感会让我们无法健康地爱孩子，导致低原则甚至溺爱。全职妈妈把一天24小时都给了孩子，这种陪伴也不一定对孩子有利。孩子需要的陪伴，其实每天半个小时就足够了，但这半个小时需要我们高质量的全情投入。

2.你想用什么样的方式关灯

【微案例】

记得欣晨两岁多的时候，每天晚上我都会给他们姐俩讲故事，讲完后，

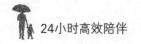

她们就会很兴奋，喊她们睡觉都很困难。

一天，我突然想到"启发式提问"和"有限的选择"，决定将命令催促改为提问。

我温柔地摸了摸欣晨的头，说："欣晨，睡觉的时间到了。今天你想用什么方式关灯呢？"听了我的话，她觉得有点莫名其妙。

我接着说："你是想用你的大拇指关灯，还是用头关灯呢？你来决定。"

欣晨的兴趣被调动了起来，兴奋地说："用头，用头。"

我微笑地看着她，说："可以呀，用头去试试看吧。电灯一定也会觉得这样的关灯方式很有趣吧！"

隔着蚊帐，欣晨努力了好一会儿，终于把灯关上了。

我抱了抱她，说："谢谢欣晨帮我们关上了灯，这样既可以省电，又能帮我们舒舒服服地闭上眼睛睡觉了。"她满意地和我一起钻进了被窝。

从那以后，每天晚上，到了睡觉的时候，我都只需要问一句："欣晨，今天你想用什么方式关灯呀？"她就会想出各种创意，用小拇指、用嘴、用鼻子、用背、用屁股、用脚丫子……尝试一种新的关灯方式，有趣极了。

【朱教练思路讲解】

通过正面管教的指引，就能开启另一个智慧的大脑。赢得合作的前提是：感觉好。只有感觉好，才能做得更好。当一种方法不奏效并且让彼此感觉不好时，就要换个方法了。

3.隔空约定个特殊时光

【微案例】

晚上十点了，爸爸还没有回来，女儿祎祎开始发火："看不到爸爸，我就不睡觉。"然后，她把自己蒙在被子里不出声。

妈妈薛晓斐感受到了女儿的情绪，脑袋里情感疏导的灯泡亮了，赶紧说："来，宝贝，妈妈抱抱。"

打开被子，薛妈妈把她拉到怀里，摸着脑袋说："我理解你现在很想见到爸爸，希望他能抱抱你，聊会儿天，再去睡觉，对吗？"

祎祎点点头，委屈地带着哭腔说："每天睡前见不到爸爸，我就睡不着。早上起来，我有很多事情要做，也没时间和爸爸聊天。每天都是这样，我太烦了。"

薛妈妈摸摸她的头说："妈妈理解你。那这样，我们给爸爸打个电话，问问他还有多久回来，周末能不能多陪陪我们，好吗？"

祎祎擦干眼泪点点头，开始打电话。老公在电话里表达了自己的身不由己和急迫想回家的心情。薛妈妈在旁边提示，能否在周末安排一个父女俩的特殊时光，老公欣然答应，表示周六会陪祎祎去参加一个做蛋糕的亲子活动，周日会全家一起去吃大餐，然后去公园。以后周末都会尽量全心陪伴家人。

祎祎听后，开心得笑了，她说恨不得马上到明天，这样就可以做蛋糕了。

挂掉电话后，母女俩亲了亲彼此的脸，然后很快就甜甜地睡着了。

【朱教练思路讲解】

孩子渴望被理解、倾听、陪伴和共情，父母要理解并接纳孩子的情绪，共情地说出孩子的感受。情绪是流动的能量，如果不及时疏导，就会强压在孩子体内，时间一长，就会出现身体上的病变或心理问题。就像我们有时听悲伤的歌曲一样，情绪堆积时，可以让自己彻彻底底地哭一场；哭完后，感觉自己又充满信心和力量了。同时，育儿不是一个人的事情，及时让老公参与进来，能起到事半功倍的效果。

4.是时候分床睡了

【微案例】

孩子长到 3 岁后，就该分床睡了。下面就来听听欣悦的分床故事吧！

欣悦 3 岁时，欣晨还没有出生。看到她快要上幼儿园了，我就跟她一起读"我要上幼儿园"之类的绘本故事。

讲故事的时候，欣悦发现绘本中的小朋友都有自己独立的房间，都是自己睡觉的。再加上早教课上的歌曲和她喜欢的动画片里都有睡自己房间的内容。

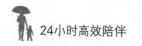

　　我也告诉过她，我从小就希望有自己的房间，千万次地幻想，如果有了自己的房间，我就会把它打扮得漂漂亮亮，收拾得干干净净；还要放置独立的衣柜、书桌、漂亮的小床……这是属于我一个人的小空间，其他人必须经过我的同意才能进来参观。可是，那时候房子小，情况不允许。直到长大后，我才实现了这个愿望。

　　欣悦突然说："我也想有一个自己的房间。"

　　我让她想想，希望自己的房间是什么样子的。她说："我希望自己的小床是粉色的，有楼梯，窗帘是粉色的，墙上贴着我最喜欢的'朵拉'，抬头就能看到星星和月亮，就像在星空下睡觉……"

　　我忍不住感叹："哇！在这样的房间里睡觉，是什么感觉？"

　　欣悦得意地说："一定会做个好梦。"

　　我继续问道："那你想不想拥有这样一个房间？"

　　欣悦有些失落地说道："想，只不过，咱家没有可供我使用的房间。"

　　我说："有！我带你去看看！"

　　我把她带到大卧室自带的卫生间，说："你看，我们把洗衣机搬到阳台，把马桶去掉。然后，将墙壁刷成你喜欢的粉色，这里装上你喜欢的窗帘，这里放上你喜欢的小床，这里装上你挑选的灯，这里放个书桌……你觉得会怎么样？喜欢吗？"

　　欣悦开心极了，表现出无比地期待。聊完细节，我说："既然同意，妈妈就开始找人帮你设计了。"

　　欣悦点头表示同意："好呀，好呀！"

　　我叫来做装修的表弟，欣悦挑选了粉色的墙漆，然后就按照需求开始布置她的房间。随后，父女俩一起在网上挑选了窗帘、床和灯。我还给她买了她最爱的朵拉贴纸、夜光星星和月亮。

　　大概花了10天左右的时间，欣悦的房间终于布置好了。欣悦的表弟、奶奶、爷爷都很想体验她的房间，结果都被她拦下了。她说："这是我的房间，谁都不能睡，只有我可以。"

　　第一次在欣悦的房间睡觉，我陪她躺在床上看"星空"，感觉非常好。

可是当我打算离开时，她却说自己突然有点害怕。

我轻轻抚摸着她的头，说："那你是想要妈妈陪你聊天，还是讲两本故事呢？你来决定。"

欣悦："陪我聊天吧！"

我："好。你3岁就有了属于自己的房间，妈妈真为你高兴，也真羡慕你呀！我小时候太想要一个自己的房间了……"

欣悦："妈妈，你能不能不走？"

我继续摸着她的头，轻轻地亲了亲她："你希望妈妈一直陪着你，对吗？你看，乐比有悠悠，大草莓有小草莓，朵拉有布茨，沙河子有小猫咪，你有很多的小公仔，你最希望谁陪你？"

欣悦："妈妈，你帮我把这些玩偶都找出来，拿给我看。"

我帮她一一找了出来，一共有五个。

欣悦："妈妈，你把它们都摆在我的床边，让它们陪着我。"

我："好呀。哎呀，我好像听到它们的欢呼声了，'哇，小主人要我们陪，我们一起陪着小主人吧！'"听了我的话，欣悦也很开心，捏了捏她的小玩偶。然后，她突然说："妈妈，你去睡觉吧。我准备好了。"

我有些惊讶，也很感动："嗯，好的。相信小伙伴们会把你照顾得很好。如果你想妈妈了，就大声喊'妈妈'，我听到就会过来了，好吗？明天早上妈妈来跟你说'早安'，相信你今晚一定能做一个很美很美的梦，晚安，梦里见。"

大约一个小时后，欣悦喊了我，我立刻过去看她。她还没睡着，我摸摸她，跟她聊聊天，然后她就睡着了。直到天亮。

早上起床后，我们都很兴奋。我抱住欣悦说："真好！你做到了。这是你第一次独立睡觉，全家人都为你开心。第一次自己睡在漂亮的星空房间里，你感觉如何？"

欣悦自豪地说："很开心。"就这样，欣悦的分床生活开始了。

后来，欣晨出生了，欣悦很喜欢这个小可爱。她说了几次，想要和我们一起睡，我们始终没同意。

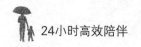

再后来，我在读书时，接触了《孩子的成长，妈妈的修行》这本书，书中有一篇说道："多少个日夜，我在自己的房间里，听着爸爸妈妈和弟弟在隔壁房间的欢笑嬉戏，而我只能一个人默默地流泪。"读到那里时，我的泪突然扑簌簌地往外涌。我想，我心爱的欣悦，她会不会也这样想。

我和欣悦进行了谈话，约定了一个"一起睡"的特殊时光——每周六晚上，我们一家四口一起睡。这个特殊的时光，太有意义了。每周六晚她都记得清清楚楚，一次都没错过。我明显地感觉到，她感到幸福极了。

欣晨一天天长大，差不多在两三岁的时候，有时候玩得高兴，欣悦就邀请妹妹到她的房间睡觉。当然，我们的初心也是，3岁后让欣晨独立睡自己的床，或者跟欣悦一起睡。再后来，欣晨也有了自己独立的床铺，且成功地做到了独立睡觉。

欣晨和欣悦性格完全不同，欣悦是女汉子风，欣晨就是柔美风；欣悦不屑于花言巧语，欣晨则天天给全家灌蜜糖。欣晨开始独立睡的时候，遇到的挑战比欣悦多，但我们和善而坚定的态度给了她们力量。

大概是在第二个独立睡的晚上，欣晨半夜哭喊着敲响了我们的房门，执意要跟我们一起睡。我抱着她来到客厅，静静地陪着她，抚摸她，听她说话，把时间忘掉。

欣晨哭了很久，唠叨了很久，我用简短的语言温柔地重复着她的话，等她情绪慢慢平复下来后，问她："你准备好了吗？妈妈送你进房间，并在床边陪你一会儿。"她回答："没有。"我便说："好的。"然后继续陪伴她。

大概在问了七八遍之后，欣晨突然说："妈妈，我准备好了。"

然后，我们的特殊时光就变成了每周四是欣悦单独跟我们睡，每周二是欣晨单独跟我们睡，周六是我们一家四口一起睡。周四的时光，欣悦称之为"独生女时光"。显然，她更享受这个。

【朱教练思路讲解】

对于孩子走向独立，分床睡有着十分重要的意义。我们要满足孩子成长的需要，相信孩子可以做到独立睡觉。同时，我们要铭记：无论何时何地何种情况，孩子都需要爱，需要被温柔以待。这便是我们常说的：和善而坚定。如此，不仅能让孩子更有安全感，还能建立彼此尊重且放松的亲子关系。遇到问题，解决问题，满怀爱意，和善而坚定，才能帮孩子学到更多，增进亲子感情。

5.坚持每晚睡前拥抱

【微案例】

一天晚上，我跟欣悦打球，欣晨也参与了进来。结果，欣晨半天发不出一个球，欣悦感到很烦躁，最终气呼呼地下楼去了。我们没有哄她，而是接纳她，让她和自己的情绪待一会儿。然后，老公和我就陪着欣晨在楼上又玩了一会儿。

等我们回到家，欣悦已经调整好自己的情绪。我们一起吃饭，快乐地聊天。

晚上睡觉前，欣悦习惯性地跑到我们床上，跟我聊天，让我好好抱抱她。她在我的被窝里待了一小会儿，直到老公洗完澡回来。

每天晚上的拥抱时间，让她感觉很不错。

欣晨也养成了这样一个习惯：每天和我一起学完英语后，就会拥抱我一会儿，然后主动地说："妈妈，今天是你跟爸爸的特殊时光，我去找爷爷了，晚安。"然后，她就抱着自己的"刘旺旺"和小枕头去爷爷房间了。

有爱有规则，持续地进行情感银行蓄能，让我们彼此都获得了良好的感觉。

【朱教练思路讲解】

没有感受过父母的拥抱，孩子的人生是不完整的。在现实生活中，很多人都知道拥抱这个动作，但并不会拥抱。尝试着去和孩子深深相拥，用足够的但又不会引起窒息的力紧紧地拥抱对方一分钟。在这一分钟里，让自己脑海中出现的杂念一点点离开，专注感受自己的呼吸，就能感受到彼此之间爱的流动了。拥抱，可以传递无条件的爱、信任和接纳，每一次拥抱都值得我们认真且深情地对待。这种拥抱，足以疗愈一切！

八、复盘

1.睡前复盘和制定日常惯例表

【微案例】

欣晨对时间没概念，生活随意，我决定花时间训练孩子的计划性。

我和欣晨一起把她的日程（右侧）和我的计划（左侧）一起记录了下来，每做完一个就和她一起打钩"√"（如图7-1所示）。

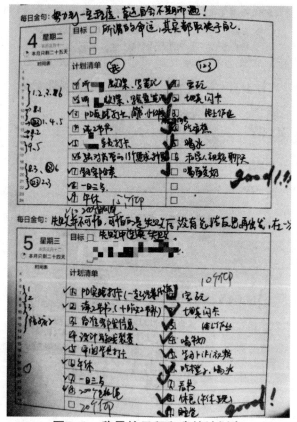

图7-1　欣晨的日程和我的计划表

昨晚，跟欣晨一起勾选完，我问她："哇，宝贝你看，就剩下看书和睡觉这两件事情了。其他的全都完成了。你感觉如何？"

欣晨："好开心，我看书去喽！"然后，她兴奋地跑去找书了。

从"日常惯例"中让孩子感受到更多成就的乐趣，孩子就能更乐意参与，从而形成自己的管理计划能力。

【朱教练思路讲解】

对于6岁前的孩子，基本上都还不认识时钟，对生活的规律的理解也不太清晰。孩子的理解力较弱，这时可视化更加适合。同时，每完成一项都做个标记，不仅可视，还会让孩子产生满满的成就感，孩子也更愿意执行。

2. 睡前三问，带着爱让今天圆满落幕

【微案例】

一天晚上临睡前，姐妹俩发生了一些不愉快。欣晨很伤心地说："姐姐说我画的画丑，我感到很难过。"其实，欣晨画画时我看到了，她画得很认真、很专注，画面内容表达得很有思想。

等大家平静一些后，我跟老公聊了聊我们村那个在"批评教育"家庭中长大的4个孩子，后来都很不幸；那个在"肯定和鼓励教育"家庭中长大的两个孩子，后来过得特别幸福，取得了很大的成就。

我问欣悦，喜欢什么样的家庭。情绪还没调整过来的她扔来一个"随便"，同时还加上一句自暴自弃的话："我什么优点都没有。"

我问欣晨喜欢什么样的家庭，她一边画画一边低声回答说："爱我的。"

我亲了亲抱了抱她们，待她们感觉好一些后，提议一起玩了个游戏：说一说对方的优点。

欣悦想了想，先说："爸爸口算能力很强，妈妈课上得好，妹妹很会撒娇卖萌，爷爷会修理东西，奶奶做饭好吃。"

我及时肯定了她："哇，家里每个人的优点都被欣悦发现了，好感动。"然后，我做了补充："欣悦最近羽毛球打得不错，进步很大；今天晚上，比

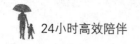

昨天晚上少说了5次打击人的话，在接纳和欣赏他人方面，越来越进步了；绘画方面，想象力很丰富，细节线条的绘制也进步了；和半年前相比，书法的字体更加工整，大小恰当，字形更加优美了……"

听完这些，欣悦心情更好了，还补充道："我在学校的网球技术越来越棒了；我的数学又进步了……"她开始肯定自己，看到了自己越来越多的优势和进步。

看到这个游戏体验效果不错，我们便沿用了下来。后来，大家还一起对讨论做了延伸，演变成如下的睡前三问：

1. 今天你经历的最开心的事情是什么？

解析：美好的回忆，会帮助我感到幸福和快乐。

2. 今天你遇到最糟糕的事情是什么？

解析：将糟糕的记忆说出来，彼此陪伴着，情绪就能得到及时流动，坏情绪流走了，整个人也就放松了。

3. 今天你最想对谁说"谢谢"？

解析：孩子需要感恩的心、善于发现美的眼睛，需要在日常生活中多练习，这是非常宝贵的成长财富。

【朱教练思路讲解】

我们都会有出现失落的时候，尤其是当我们陷入坏情绪中时，总会觉得自己糟糕透顶。帮对方回忆起自己的好，会让对方感到安慰，让对方觉得自己没那么糟，从而使对方的感受越来越好。在陪同孩子一路成长并走向独立的过程中，家就是一个港湾，是孩子所有情绪最安全流动并在休养生息中重获动力和能量的地方；无论孩子在外面经历了什么，回到家都能得到爱、陪伴和支持，他们就能收获满满的幸福。